JN011599

父が廃業した会社を引き継ぎ、
受注ゼロからの奇跡の大逆転

なぜ、おばちゃん社長は価値ゼロの会社を100億円で売却できたのか

平鍛造株式会社 代表取締役社長
平 美都江

ダイヤモンド社

父が廃業した会社を引き継ぎ、受注ゼロからの奇跡の大逆転
なぜ、おばちゃん社長は価値ゼロの会社を１００億円で売却できたのか？

目次

第1章

財務――減価償却費こそが肝、みるみる貯まる現金

第2章　理念と目標そして具体的な方法——3段階手法で、考えている？

第3章 現場改善――気づいたら会社が100億円に！

第4章

ノートと生活習慣――手書きで心を逆転反転！

第5章
心がまえ――ネガティブ体験、自虐ネタで笑い飛ばせ！　255

序章

おばちゃん社長、100億円をつかむ

※撮影用のため、プロテクターを外しています

チャンス小僧には前髪しかついていない。考えすぎ・ボーッとでは幸運はつかめない！

2018（平成30）年9月30日。

私の個人銀行口座に、103億円が振り込まれました。

正直、胸がザワザワし、心臓がバクバク高鳴りました。


会社の株を売る契約を正式に結んだので、振り込まれて当たり前の話です。

これからどうなるのか？　今まではずっと続けるだろうと考えていた私に、引退が目の前に見えてきました。

なにしろ、103億円ですから、いろいろな感情が起こって当然でしょう。

40年前、一旗揚げる気満々で出て行った東京で興した会社を乗っ取られ、裸同然でふるさとの能登に戻ってきた父が創業し、私が引き継いで10年経営してきた会社についた企業価値。その値段です。

ちなみに、10年前にこの会社を売ろうとしても、価値はゼロでした。このことは、あとで詳しく述べましょう。

少しだけ、肩の荷が下りた感覚もあり、正直にいえば、一抹のさびしさも。

うちの会社、平鍛造《たいらたんぞう》株式会社は、能登半島のつけ根、羽咋《はくい》というところにある、地方の中小企業。90余人の従業員と超一流のお客さまを抱えて、世界一の技術と生産スピードを持っていると思ってはいますけれど、経営を引き継ぐ者は、結局うちの親族にはいなかった。このまま私が急に倒れたりしたら、いったい経営はどうなるのか、残った会社の株は誰が処理するのか、心配。

ひとまず、私の目の黒いうちに今後の会社の道筋をつけて、従業員の雇用を守り、私が引退したあとも技術を伝えていく目処《めど》が立ったのだから、これで会社継続の理由で争い、亡くなった父にも、「平鍛造が永続できる道を選びましたよ」と、堂々と顔向けできるでしょう。

103億円でうちの会社を買収してくれたのは、もともとお客さまだった大企業2社。紆余曲折はあったものの、株の9割を売却して、私の持ち分は10パーセントです。この経緯は、日刊工業新聞の一面や日本経済新聞の電子版にも記事として取り上げられました。

それでも、私は今でも社長です。要するに、これからも任せるから私に利益を出し続けろ、ということなのでしょう。

ですから私は、今日も朝2時に出社し、現場を回り、自分の目で確認し、頭全開で頑張っています。

＊　＊　＊

人生は言ってなんぼ、何事も口にしなければ始まらない。この本もひたすら正直に書きますので、自慢も自虐も遠慮なくどんどん進めてまいります。

10年で会社に100億円の値段がつけられたのは、父が残してくれた技術、一生懸命働いてくれる従業員、うちを信頼してくださるお客さまのおかげですが、会社を儲かる構造にした私の腕も、少しはあったと思ってはバチが当たりますか？

最近、「現金の100億円はすごい」と言われます。ですけれど、大ピンチだったんです。

強く言いたいんですが。

金がないならやるしかない。誰にも負けないように働くしかない。ぐずぐずしているヒマがあるなら動くしかないと、そう思ってただただ、できることを精一杯やってきた。

なんだかんだいっても、結局人は会社を金額で評価する。悔しかったら、仕事で結果を出すしかないと、歯を食いしばり、しがみついてきた。

それは、どうやって？　能登のおばちゃん社長は、たった10年で何をして100億円をつかんだのか？

それをこの本で、独善的に高慢に、とにかく本音で書きます。

能登のおばちゃん社長とは何者なのか？

本題に入る前に、なぜ私がこの本を書きたいと思ったのか、そもそも私が何者なのか、説明したいと思います。

私は平鍛造という企業の代表取締役社長。東京生まれ、小学校卒業までは東京育ち。一時期は東京で女子大生もしていましたが、今では、自他共に認めるおばちゃん社長（少し、おばあちゃんに……）。

平鍛造が得意とする
超大型の鍛造リング

大型油圧プレス

会社名に入っている「鍛造」とはなんなのか。ごくごく簡単にいうと、「鍛冶屋」の現代版と考えてもらえればイメージできるでしょうか。真っ赤に熱した鉄を、火花を散らしながらトンカン叩いて鍛え、刃物や鉄製品を作っていた技術の最新版ということ。

私たちの会社は、自分で言うのもなんですが、この業界では超有名です。特に、超大型のリング形状の鍛造を得意としています。

リングがどんなモノなのか、何に使うのかわかりにくいかもしれない。たとえば、大型の建設機械、パワーショベルを想像してもらえればいいのですが、上半分がぐるぐる回転したり、走ったりするための軸受《じくうけ》に使われるのです。風力発電用の大きな風車が回っている根元の部分や、海底油田を掘るときのパイプの継ぎ手などにも使われています。

もう少しだけ。うちの会社の競争力は、鍛造でいろいろなものづくりを実現してきた父の技術力にあります。

鉄を熔《と》かして流し込む鋳造《ちゅうぞう》（鋳物《いもの》）とは違い、叩いて延ばして鍛える鍛造は、短時間、低コスト、高強度で生産できるため圧倒的にコストパフォーマンスがいい。ただし、複雑な形を作るのは苦手とされてきました。

私の父は天才的な感覚と熱心な努力で、鋳造でしかできないとされていた製品を鍛造で作り、鍛造製品の範囲をぐっと広げた人でした。今でも、父の残した製品と、技術、生産効率を求めて、日本の大企業だけではなく、世界から注文があります。この羽咋の地に、うちの会社があるからという理由で、お取引先の事業所がいくつも設立されました。

父は現役時、「世界一になる」といつも言っていました。現にうちの会社以上の製品を私はいまだ見たことがありません。

鉄の産業とはまったくゆかりのないこの周辺地区は、今では父が夢としてきた「リングの街」になっています。

「骨肉の争い」と陰口を言われた裁判!? 波瀾万丈、父と娘の40年

ところが、です。

天才職人の父が作ったこの会社は、これまで何度も挫折や危機にさらされてはいましたが、私が経営を再開したときは、廃業したあとでした。

それを、私が一からある意味マイナス（信用を失った状態）からスタートし、立て直しました。

私の父は、天才職人だったからこそ、ちょっと、いや、かなり独特な性格と考え方をしていて、一度言い出すと聞かない性格でした。せっかく東京で立ち上げた会社をだまされて乗っ取られ、能登に戻ってきて苦労を重ねて成功したところまではよかったものの、無借金になってからは、疑い深さが強く前面に、自信を必要以上に表に出して周囲を混乱させるようにもなった。お客さまに対しても地域社会に対しても〝自分が一番〟を押し通し、文句があればすぐに叩きつぶす、自社の利益だけを増大させる経営者になっていきました。

一方、東京でまだ乗っ取られる前の鍛造工の長女として生まれた私は、物心ついた頃からいつも現場がすぐそばにあって、子ども心に父や職人が一生懸命仕事をしている様子を見るのが大好きでした。本当に飽きなかった。

鉄を真っ赤にして、トントンと形が変わるのが面白くて、ずっと眺めていられた。それは、羽咋に来てからも変わらなかった。

それでも、自分がまさか、うちの会社の社長になるとは、子どもの頃は一度も考えたことがありませんでした。

私には弟がいて、父も周囲も、弟本人も経営を自然に引き継ぐのだろうと考えていたし、実際、弟が工場での不慮の事故で亡くなるまではそうだったのです。

私といえば、小さい頃は母のような専業主婦になるだろうと思っていたし、東京から呼び戻され、うちの会社に関わるようになってからも、雑用くらいを手伝って、会社や家族の役に立とうとしか思っていなかった。意外でしょう?

一度は社長を受け継いだ弟が亡くなったあと、再び社長になった父は、ほとんど「暴走」といってもいい状態になってしまった。

だんだん周囲は愛想を尽かし、手を引き始めたところに襲ったリーマン・ショックの世界的な大不景気。「世界一の鍛造屋」が、あっという間に仕事ゼロに追い込まれたのです。本当に、冗談抜きでまったくのゼロになりました。

若い頃は、よその工場を覗き込んで技術を盗み、成功してからも苦手な飛行機に乗ってドイツまで出かけて技術を磨いてきた父。カリスマ職人、カリスマ社長として従業員をまとめ、慕われていた父。

でも、創業当時は帳簿はおろか、ごく簡単な原価の管理もしていなかった。仕事を受けることだけを考え、赤字仕事も少なくなかった。倒産寸前で会社の半分をドイツの会社に売却し、しのいだこともありました。幸い、後日買い戻しましたが。

それで私は、最後には父と裁判をしました。幸い、理解のある裁判官が担当してくださり、経営権を引き継ぐことができて、今に至ります。

天才職人として、数々のすごいことをやってのけた父。その技術のおかげで続いてきた会社を、知らないうちに自分で危機に追い込む父。私は娘として、会社の一員として、そして父の技術を尊敬し信じるものとして、このまま会社を終わらせるわけには、絶対にいかなかったのです。

会社は儲けてなんぼ!!
世間は結局「お金」で評価する

うちの会社に100億円の値段がついたのは、別に父の人柄や、父と私の物語が評価されたからでは絶対にありません。

じつにシンプル、単純明快。100億円は、利益創出評価額です。

会社の価値は、「必要とされているか、されていないか」で判断される。はっきりいってしまえば「利益を出せるか、出せないか」「金儲けできるか、できないか」でしかありません。赤字を垂れ流していて改善もしそうにない会社を買いたい人なんかいないでしょう。

会社の成績は、お金でしか判断できないんです。悔しかったら、儲かる会社を作るしかない。

みんな、この当たり前の事実から目を背けてきたのではないですか？　私はそう思います。

儲かっている会社なら、受け継ぐ人が現れる。もしもいないなら売却できる。それができないのは、どうしようもないビジネスしかできていないからでは？　ビジネスをしたような気になっていただけで、利益を生み出せないからではないのか？　まずはそこを認めないと、何も始まらないと思うんです。

今は激動の時代。小さな会社だけでなく大企業も生き残りたいなら、今までとは変わっていくしかない。そして、激動の時代だからこそ、今までできなかった改革を実行に移す大チャンスでもある。そこにワクワクしましょう。

本書で私が伝えたい儲かる会社にするノウハウ

この本は、私がどうやってこの会社を１００億円で売却できたのか、その秘密を、5章に分けて述べていきます。

最初はテクニックのヒントを書いていきます。そして、読めば読むほど、どうして私がそう考えるようになったのか、その内側の理由がわかっていただけるようにします。

難しいことは書きません。読んだ方々が自分で勉強したくなるような刺激を受けていただける本にしたいと考えました。

最初の章は「財務」。儲けられる会社とはどういうことなのか、ということから始めたい。これは最も大切な経営の感覚であると同時に、最も具体的、表面的な経営改善のためです。

次に、「理念・目標・方法」。なぜ今この会社を動かしているのか、この会社はなんのために存在し、何をしようとしているのかを考えたい。

ここがしっかりしていれば、必ず頑張れる力が生まれる。残念ながら、二代目、三代目経営者の中には、惰性で経営されている方が少なくありません。ボーッとしていれば、あっという間に会社は消え去ります。

第3章は「現場改善」。どんな会社にも現場がある。すべての価値、そして利益は現場から生まれます。

残念ながら、創業者ではない代になると、現場から離れがちになったり、現場を苦手としたりする経営者が多いように思う。ちなみに、私は入社当初は鍛造工でした。子どもの頃から現場は誰よりも観察してきたし、今も、常に現場をどう改善するか考え続けています。その考え方をお伝えしたい。

第4章以降は、経営者としての自分自身のモチベーションをどのように高め、高パフォーマンスを維持していくかについてです。

私は自分の考えを整理し、今日やるべきことを先送りせず、忙しいスケジュールをもれなく実行するためにノートを愛用している。そして、さまざまな生活習慣を実践しているので、そういった細かいやり方も伝えていこうと考えています。

最後の章は「心がまえ」について、いくつか常々考えていることを述べていきます。

社長は、最後の決断を自分自身で下さなければならない存在。そうしたとき、私が頼っているものが大きく分けて二つあります。
一つは、天才鍛造工だった父の考え方。もう一つは、『易経《えききょう》』という中国の古典。これは、単に経営者として正しい判断をしたい、というだけではなく、この世に生を受けた人としての正しい道を常に歩きたいという思いから実践しています。

私は100億円を手に入れましたが、自分の考えが絶対などと断言するつもりはなく、批判的に読んでいただいてまったくかまいません。創業者がその時代に考えていたことが今や陳腐化し、むしろ会社の発展を妨げているというケースはよくある話です。そして、私の考えも。

世の中に「絶対」というものは一つもなく、常に私たちの意思などおかまいなしに、世界は変化していきます。この本に私が書いたことは今なら参考にできるかもしれませんが、10年後、30年後に実践したら大失敗の元になるかもしれません。常に勉強を欠かさず、常に頭を働かせ、行動に移していくことが大切だと考えています。
むしろ古典からは、その時代、その条件の下で必死に考え、判断し、行動してきた先人たちの心情をくみ取ります。彼らの真剣な態度、徹底した考え方は、今であれば答えがすべてわかっていることでもあります。ただマネだけするのではなく、常に自ら考える姿勢を忘れないようにしたいものです。『易経』を占いみたいなものとしてバカにする人もいるようですが、実際は難しい判断をしようとすればするほど大きな助けになるのです。

この本を読んでいただいた方が、ご自分の仕事や会社が好きだという感情を改めて認識し、また本書がこれから生きていくうえでのヒントになってくれたなら、これにまさる喜びはありません。

第1章

財務――

減価償却費こそが肝、みるみる貯まる現金

一番苦しいリーマン・ショック後、工場を売却して投資した太陽光発電所

Episode 01

経営者に危機意識があれば 会社は必ず生き残れる

Successful episodes of company management

このままで生き残れるのかの葛藤

私がうちの株式を売却した理由は三つある。これは、売却前の数年、会社を経営しながら感じていた、「三つの危機感」で、神経をすり減らしていました。

①アメリカと中国の対立による世界経済の大変革
②年々ひどくなる自然災害への恐怖
③私に後継者がいなくなった

もちろん、新型コロナウイルスで世界中が大騒ぎになる前の話。ただ、結果的に、コロナで状況が激変する前に手を打てていた、ということになったのは幸運でした。

とにかく、私はこんなことを考え、頭を悩ませながら経営してきた、ということをまずはお伝えしておきます。

①超大国のはざまで日本は……

トランプ前大統領が敗退したから多少は緩むのかもしれませんが、貿易の問題から始まった米中の対立は、私たちのような会社の業績にも影響が出たし、国内が商売の相手なら影響は少なかったかもしれませんが、輸出メインの企業には深刻です。どう変わったのか？　つまりはこういうことです。

> **・品質がよりいいモノを買う／できるだけ安く買う／自由経済**
>
> **↓**
>
> **・政治的に対立する相手には売らない／そのような相手からは買わない／ブロック経済**

中国のモノは安くていいから買う、日本のモノは技術が信頼できるから買う、アメリカのモノは最先端でかっこいいから買う……簡単にいえば、みんなそんな風に考えてきた。ところが、ここに、政治の問題が入ってきた。ファーウェイのニュースは見たことあるでしょうか?

要するに、たとえ高く売れるとしても中国に最先端のモノは売らないとか、たとえ安く買えるとしても中国製のモノは怪しいから買わないとか、そういう世界に変わってきています。うちの会社も世界中から広く引き合いがあるし、日本国内のお客さまも、うちの製品を組み込んだ完成品を中国に売ることも多い。米中の対立が起こす変化は、ただ不安なだけではなくて、実際に業績に影響が及んできたのです。

②いつでも、どこにでも起こる

これは、米中対立よりもわかりやすいでしょう。東日本大震災については改めて詳しく書きますが、ここ何年か、毎年日本のどこかで相次ぐようになった大雨や台風の被害は、何が原因なのかは別として、明らかに異常だと思うでしょう?

能登に関係することでいえば、2007年に能登半島地震があったとき、うちの会社では、一つの工場の裏にある崖が崩れて、ポンプ小屋がつぶされてしまった。いや、工場そのものじゃなくてむしろ幸運だった。

２０１９年には、台風19号で長野の新幹線基地が水没してしまって、せっかくできた北陸新幹線がしばらく正常に運行できない、ということもありました。これも不便をしばらく我慢したという話ではなくて、もし長野で起きたような豪雨が能登に降ったら、いったいうちの会社はどうなってしまうのか、という話です。うちの会社は３カ所に分散はしていますが、すべてが羽咋郡・市にあるから、この町が災害に襲われたら復帰までには相当の時間とコストがかかってしまいます。

③私に後継者がいなくなってしまった

私が年を取っていく中で、結局うちの会社の経営を任せられる者はいなくなってしまった。正確にいえば候補者はいたものの、全員が経営というハードな仕事を垣間見て、自分にはできないと辞退してしまいました。そう、経営って大変なんですよ！自慢しているわけにもいかない。もし私が明日倒れたら？うちの従業員は、お客さまはどうなってしまうのか——そう考えると、不安で仕方なかった。

そして、鍛造屋を引き継ぐ気がなくなった私の家族にも、一応財産をスムーズに引き継ぐ段取りをつけておかなければならない。これも、できれば私自身が始末をつけたほうがいい、と思いました。

企業価値を上げた会社だから株が高く評価される、当たり前の話！

要するに、私はコロナウイルスの影響で経済がめちゃくちゃになる前から手を打っていました。結果的にですが、決断のタイミングは非常に正しかった。現在のうちの会社は、コロナ禍の混乱が3年くらい続いても十分給料を払える余裕がある。仕事が急減しても、手の空いた時間を有効に使って将来を考え、新しい手も打てる。

今になって急におろおろして、どうしよう、株を譲渡したいなんて言い始めても、よい時期に危機感を持っていなかったら、たとえ売れても思い通りの値段はつかない。

会社は、いつでも株を譲渡できるような状態にしておけばよいのではないでしょうか？　たとえ子どもに事業承継しても。危機は私たちの都合なんか頓着してくれない。実際株を譲渡するかどうかは別問題としても、これは当たり前の真理。それができない会社は生き残れない可能性が高いのではないでしょうか。

Episode 02

赤字から脱却したいなら穴が空くほど自社の帳簿を見る!

Successful episodes of company management

財務の大原則とは？　どうすればいいのか？

財務を考えるに当たって、根本的な原則は、

会社は、利益を出すためにある！

と考えて、今まで私は経営してきました。

もしも今赤字ならば、とにかくそこから脱却することが優先順位一位の課題になるわけです。

うちの会社も、私が裁判の末に父から会社を引き継いだ当時は、そのままなら閉鎖しても仕方ない状況でしたから、身にしみてわかります。父の経営は一時期うまくいって無借金経営まで達成したのに、裁判の結果父と私が和解し、父の持分株式の買取金および退職金60億円を支払わなければならなくなる。父の強気な商売のせいですっかりお客さまには嫌われて、注文ゼロ状態が続いてしまうわで、大ピンチでした。

赤字から抜け出す原因を発見する

どうにかして赤字体質から脱出しなければ会社はつぶれてしまう。では、利益を出すためには何をすればいいのか？　客観的に考えればわかる。でも、

「売り上げ（収入）＞コスト（支出）」

という、このすごく簡単なセオリーは、主観的になればわからないものです。さすがにそのくらいわざわざ言われなくてもわかるわ！　と怒られそうです。この式を成り立たせ、売り上げをコストよりも大きくするには、次の二つの方法があります。これもまた、非常にシンプル。

①売り上げを増やす
②コストを減らす

可能であれば、その両方。でも、昨今の状況から考えても、どちらか先に手がけるなら、まずは自分たちの努力だけでできる②のコスト削減でしょう。

私は、万年②のコスト削減を不断なくやっています。

コストは大きく分けて三つ！　原点を見直す

私たちのような製造業の場合を例にすると、コストは大きく次の三つです。

コスト　＝　原材料費　＋　製造費　＋　人件費

原材料費とは、文字通り材料の仕入れコスト。製造費とは、製造のために使うコスト。そして人件費（労務費）の合計と考えてください。

それぞれのコストがどのくらいかかっているか、まずはその把握から始めましょう。

原材料費なら「もっと安く仕入れる方法はないか」。製造費なら「もっと燃料費や電気料金、そのほかのランニングコストを下げる方法はないか」。そして人件費であれば「もっと合理化する方法はないか」。そう考えながら、社業を見直すのです。

どのくらいコストカットできるか？

世の中にはさまざまな業種や業態、企業が存在します。それぞれ特徴があったり、特殊な事情があったりする。うちの会社もすごく特殊な面があって、じつは原材料費がほぼ存在しません。なぜかというと、お客さまの要望にカスタマイズした形状の製品を作るので、材料はお客さまが自ら仕入れ、うちの会社に預けていただいている形になっているからです。

では、どのくらいまでコストを抑えるべきなのか。とにかく下げればいいのかというと当然そうではなく、品質の悪化、安全性の低下などの問題を起こしかねないので、三種類のコストのバランスも、業種によって大きく違ってくる。

適切なコストは何を参考に決めればいいのか？　それはズバリ、同業他社のデータです。中でも、

・同業種の平均データ
・うまくいっている競合他社のデータ

がわかれば非常に参考になる。同業種の平均データは統計的に知ることもできる。よりいいのは、自社よりも業績のよい競合他社のデータです。もっとも、細かな、具体的な数字が必要なわけではない。信用保証会社を駆使して、どうにかして情報を収集してみること。上場企業であれば公開されているデータも参考になります。

もしも今、人件費の比率が同業他社の水準よりも高い状況ならば、どうやって合理化するかを考える必要があります。単純にいえば、いかに設備投資を行って人手を省く(省人化する)か、ということ。設備投資についての財務的な考え方は、この章で詳しく述べたいと思います。

そして、どうやって省人化を図るかを決められるのは経営者しかいない。赤字を脱するために経営者に課せられた責任ともいえます。そのためには、現場に経営者が自らメスを入れ、改善をしていく必要があるわけです。「現場改善こそが利益をもたらす」は、本書の重要なテーマですから、第3章で詳しく解説します。

情報は自社の中にある。見つけ出せるか？　または発見できるか？

自社の最も大切な情報は、灯台下暗し、なんといっても自社自身に存在します。

つまり、自分の会社の帳簿を眺めていれば、どこを改善すべきなのか、必ず情報が見えてくる。見えてこない人は、単に関心を持って見ていないか、知識や経験が不足していて、ただの数字の羅列にしか見えないかでしょう。

私は、経営者ならばいつも帳簿を穴が空くほど眺めているものだと思っていましたが、どうやら世間にはそうではない人も少なくないそうです。

帳簿は、最終的な利益がいくらなのかを示す「経営者の成績表」であるだけでなく、なぜその成績がついたのか、どうすればもっと成績を上げることができるのかのヒントもたくさん隠されています。学生の通信簿みたいなもの。

ただ、私たちはもはや学生ではない。世話を焼いてくれたり、怒ってくれたり、優しく教えてくれたりする先生はどこにもいません。自分で帳簿を見て、何を改善すべきかをつかみ取らなければならないわけです。

では、どこに着目すればいいのか？

Episode
03

見かけの利益に惑わされず、現金残高を何よりも優先

Successful episodes of company management

倒産する瞬間とは？

企業が持続できなくなる瞬間――倒産は、どのような状況で起こるのか？

私たち中小企業の場合、いざというときに現金（＋すぐに現金化できる資産＝流動資産）がなければ即倒産です。

売上規模が大きくても、帳簿の上では利益が出ていても、支払わなければならないときに現金がなければ、手形が落ちなければジ・エンド。そんな、追い込まれた中小企業に資金を融通してくれる金融機関はおそらくない。

私も父からバトンタッチしたとき、メインバンク3行から「あなたに貸すお金は、1円もない」と、突き放された、苦い経験があるからこそ断言できるんです。

だから、大原則はこれです。

現金を貯めておくことが最優先！

もちろん、最終的には実質的な利益を出していくことが目標。しかし、ひとまず現実を考えれば、実際の手持ち現金を増やすためなら、たとえ表面上は当期純利益が赤字でもかまいません。そのために減価償却を有効活用するテクニックは別の項で述べましょう。

私がすごく不思議に感じるのは、経営者の中には現金を貯めようという意志がなく、目標額も意識していない人があまりにも多いこと。

昭和の昔はそれでもよかったんです。金利以上にインフレしていたから、とにかく会社を回して、右肩上がりの経済成長に乗ってさえいれば、手元現金は金融機関から借りられたから。うちの会社なんて、父があまりにも先進的だったせいで大規模な設備投資にこだわり、80年代は100億円（！）ほど借り入れがあったのに、売り上げの管理もコスト感覚もずさんで、税金も払えない時期があった。それでも倒産しなかった（倒産の危機の綱渡りでしたが）。ただ、これはあくまで昔の話です。

8億円の資産を売って、太陽光発電に9億円投入！

これはちょっと自慢話。

私が父から会社を引き継いだとき、まずしたことは固定資産（土地・建物）の売却だった。なぜなら、売り上げがまったくなく、回転資金がないんですから、そうするよりほかに現金を手に入れる方法がなかったから。もっとも、売れるものがあっただけ幸運でした。

売って確保した現金が8億円。そこに襲ってきたのが、東日本大震災と急激な円高だった。目も当てられないピンチ。ところがここで、私は会社の遊休地に太陽光パネルを設置したのです。

投資額、9億円……全額どころか、1億不足している！

どうすれば現金を確保できるか、どうすれば現金を回せるか毎日悩んでいたところに、太陽光発電の固定買い取り制度のニュースを見ました。遊休土地も売れなかったので、これだ！　とピンときた。手元の現金を発電量×買い取り価格×期間で考えれば、絶対に今ここで太陽光発電に投資するしかないと確信できた。そこで、1億円をさらにひねり出しました。

結果はどうなったか？　このコロナ禍の今も、何もせずに、月平均2500万円、毎年3億円の現金収入になっている。電力会社ってすごいんです。請求書もなしに、発電した分の電気代を振り込んでくる。

すぐ決断できたのは、現金の収入をどうすれば増やせるかを毎日考えていたから。各種の補助金、給付金、融資なども、現金の大切さを知っていてこそ、常にアンテナを張って、その価値が判断できるというものです。そして、ピンチをチャンスに変えるとしても、まずは軍資金がなければ何も始めることができません。

現在うちの会社は無借金で、かつ売り上げゼロでも3年以上固定費を支払える現金を確保している。やはり社長の腕ですか？（不遜ですみません）。

今（2021年度）なら、中小企業向けに最高額1億円が給付される「事業再構築補助金」という支援策が出ています。ぜひ、検討すべきです。

Episode
04

現金は固定費の半年分を最低確保！常に悲観的に準備する！

Successful episodes of company management

何があろうと現金があれば！

具体的に、まずは当面の現金残高をどのくらい確保しておけばいいのか。コロナ禍の今では半年分では足りない状況ですね。うちは、現時点では3年分ほど留保していますが、これから現金確保を始める人に対しては、

常時手元に置いておく現金　＝　最低、固定費半年分

を、とりあえずの目標としておすすめしたい。つまり、万が一急に売り上げがゼロになったとしても、少なくとも半年は誰からの助けもなく、会社を賄える程度の現金が常時手元にあるといい、ということ。

なぜか？　とりあえず半年の余裕があれば、災害やコロナ禍のような、想像もしなかった事態が起きても、現金ショートの不安から焦っておかしな判断をすることなく、冷静に、ある程度の自由度をもって状況に対処できるからです。

「何があってもとりあえず半年は大丈夫だ」という気持ちの余裕を保証してくれるの

が、半年分の固定費だってことです。もちろん、多ければ多いほど安心ですが……。

その上で、政府・自治体の補助金や、金融機関の融資を利用していけば、会社が急に倒れたり、無理な借金を増やしたりすることはない。そして世間の変化を観察しながら、どんなときにでもピンチをチャンスに変えることが絶対にできます。

現金を確保できないなら、廃業しかない

「現金がほしい！」と天に願っていれば、急に現金が降ってくる……わけはない。現金を確保するためには、何かアクションを起こさなければならないのは当然です。

何もないなら何かを売るしかない。私は一つの工場を売ったけれど、もしももう売るモノがないのなら、あるいは、売っても半年分の固定費には遠く及ばない場合は……正直、廃業を真剣に検討することも考えるべきだと思います。

コロナの世の中になってすぐ、廃業を決断した有名企業、伝統的企業のニュースをいくつか目にしたでしょう？　あれを見て、「ああ、もうそんなに不景気になっているのか」と思うのはサラリーマン。

当座の現金はあっても、今の状況が半年、1年と続いたとき現金を確保できる見通しがなく、事業が回復する見込みもないなら、下手に融資を受けて負債を大きくするよりも、ある意味潔く、解散する価値があるうちにスパッと決断したってことだと私は考えます。これは、経営者の一つのあり方だと思います。今以上に大けがをせず、従業員に早めの転身を促せるし、金融機関や地域社会にもひどい負担をかけずにすむ。そして経営者自身も家族も現状以上に資産を失わずに幕を引ける。捲土重来《けんどちょうらい》、一度撤退し、再チャレンジする手もありです。

やめたくない！　ならば借りるしかない

ただ、現在この本を読んでくださっている方なら、さすがに事業をやめたくはないでしょう。私も、やる気のある人、なんでもする覚悟のある人には言いたい。私も歯を食いしばって必死にしがみついてやってきたからなんです。

とにかく、手元に現金がなければ給料を払えない。手形を振り出しているのであれば不渡りになる可能性も出てくる。その上、売る資産がないのであれば、どこかから借りてくるしか選択肢はありません。

借り入れに抵抗があったり、借り入れが少ないことにプライドを感じてきた経営者がいるなら、その気持ちは私も理解できます。ただし、最低限の流動資金確保のためなら、借金してでも現金を手元に置いておくべきだと思う。

何も現金のあてがないなら、まずは金融機関に相談するしかない。ただ、ポジティブな考え方をすれば、コロナ禍の現在は平常時に比べ、政策的にお金が借りやすくなっています。要するに国は「ひとまず国がなんとかしますから、倒産しないでください」という政策を打ち出しているのですから、これを活用しない手はないということ。

コロナによる激変で資金繰り倒産することがないよう、公的金融機関の融資や、信用保証協会による保証が整えられているし、金利の引き下げや利子補給などもある。制度をよく調べ、会計士や税理士とも相談の上、有効に活用する。借りるチャンスです。

180度転換するチャンス。跳ね返す!

雇用調整助成金については、上限の引き上げなどの特例措置が行われていて、助成期間も延長されることになっています。うちの会社も需要の急減にともなって従業員の出勤日数を減らしていますが、もともと3年分の人件費などを払えるだけの現金を手元に置いたまま、さらに雇用調整助成金を受けましたので、より助かりました。

おかげで、この激変の世の中でも、今後を考える余裕がある。人件費比率の高い企業ならばなおさら余裕が生じているはず。

その余裕は、今後の「攻め」を考えるよいチャンスにもなります。ボーッとしていると、半年や1年はすぐたってしまいます。時間はあるようでいて、刻々とたっていきます。大変化で、みんなが萎縮しているときこそ、先手必勝です。頭を使うのは今です。

Episode
05

思ったよりも現金を残せる減価償却費（設備投資）こそが胆

Successful episodes of company management

納税還付金も考慮すべし！

もう一つ重要なポイントがあります。

今まで培ってきた事業を効率化、省人化しながら、現金を手元に残す方法がある。キーワードは、設備投資と減価償却です。

ここでの設備投資とは、単純な今やっている売り上げ増の設備ではありません！
業態を変える、または生産アップあるいは大幅省エネのための設備だということを強調しておきます

設備投資とは、新しい機械、先進的な技術、合理的で効率のよいシステム……こうしたものを、むしろ不況のときに積極的に導入し、会社の体質を強くすること。

減価償却とは、買い入れた設備を損金として、法律で決められた年数にわたって経費計上していくこと。どんな設備が何年なのかは細かく決まっている。

この「差」を使って、現金を残せる体質に変えていくのです。今まで利益が出ていて納税していたのであれば、還付金つまり、過去に支払った税金が戻り、現金が入ってきます。

減価償却でみるみる現金が増える

たとえば、償却期間が7年で700万円の機械を導入したとしよう。現金一括であれば、買った年度にすべて支払う。

700万円の現金はなくなりますが、経費としては7年に分割して計上していくことになる。ということは?

コロナ禍のような不況で、赤字が確実な年に、設備投資しておく。

翌年度以降、設備投資のおかげで効率よく(省人化できた、省エネ効果を出せた、生産スピードが上がった)生産できるようになり、利益率は高くなる。そして、設備投資の減価償却で経費を計上できるから、その分黒字は実際よりも減り、その分税金が減額になって手元に現金が残る……というわけ。中小企業であれば、一括償却制度

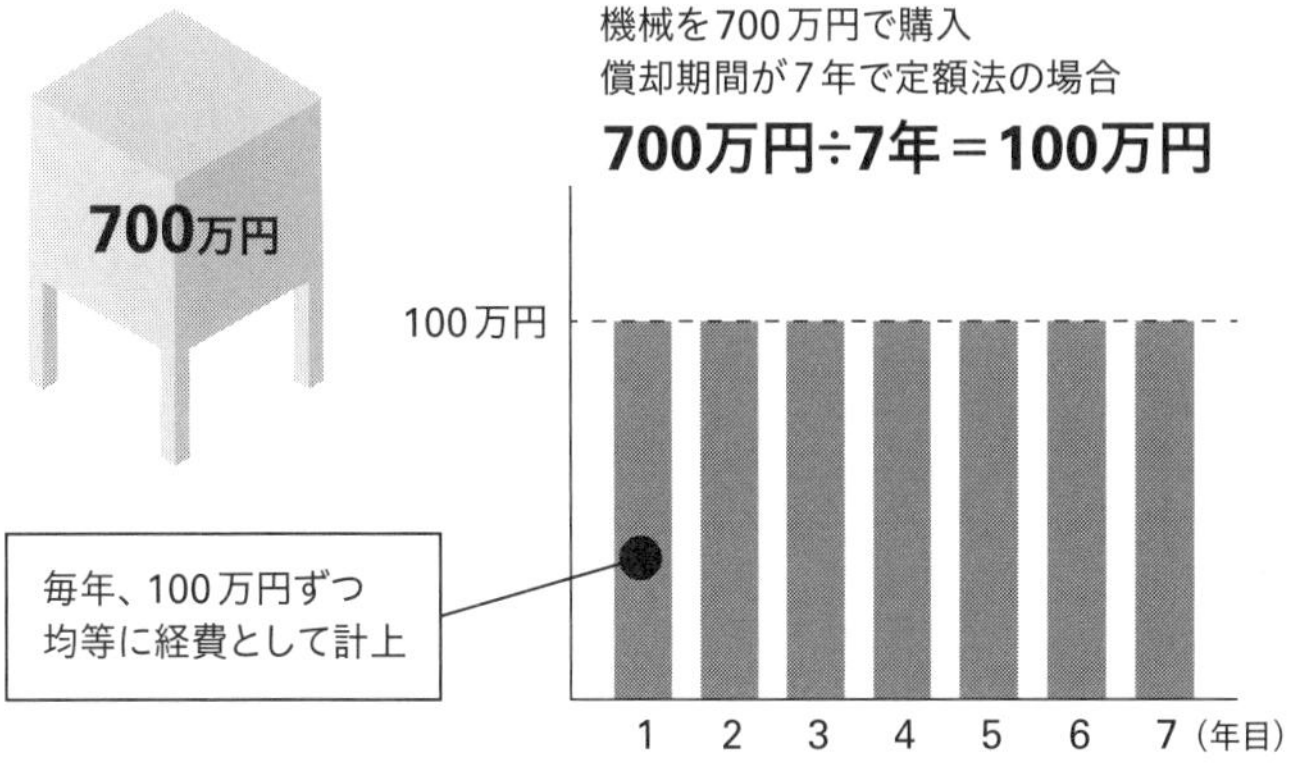

もあります。700万円の現金がなくなりますが、所得利益がその分マイナスにでき、その分税金を支払いません。

会社の生き残りをかける経営者の場合、景気が悪くなったからといって、ただ暗い顔をしているわけにはいきません。その先を見て、今何に投資しておけば、どんな設備を改善しておけばいいか、いつも考えているのでは？

うちの場合、好景気と不景気の繰り返しの中で、毎年設備投資を繰り返しているから、どんどん効率は増して省人化、スピードアップし、現金は残っていく。この積み重ねが3年分の固定費を払えるだけの現金確保につながっていきました。

少し振り返ってみてほしい。近年だけでも、

過去10年の設備投資と預金等及びP／Lの推移

P/L

単位／千円

	22年5月期	23年5月期	24年5月期	25年5月期	26年5月期	27年5月期	28年5月期	29年9月期	30年5月期	31年5月期	10年間の総計
製品売上	145,099	4,950,602	6,687,716	4,747,855	5,300,890	5,475,253	6,137,220	6,255,568	6,819,118	7,403,834	
売電売上	0	0	0	20,868	152,294	219,369	232,727	275,670	309,759	330,779	
売上総利益率％	0	16	16	22	22	22	19	24	25	23	
営業利益	(985,010)	347,867	499,272	568,911	607,975	639,559	583,403	931,021	957,285	1,066,871	
経常利益	△571,744	795,149	477,311	725,845	643,776	675,799	605,600	949,712	1,009,527	1,126,139	
税引前純利益	△942,909	772,470	421,554	△251,494	101,968	397,556	△17,870	565,594	947,777	1,061,700	
減価償却	33,336	395,691	410,645	283,882	216,430	216,430	199,771	154,337	154,337	133,373	
特別償却費	6,660	128,155	98,901	901,559	541,587	288,595	591,839	393,298	15,935	0	
修繕費	3,147	256,827	103,072	60,660	113,272	202,620	80,794	101,014	234,724	267,852	
修繕費および減価償却費	43,143	780,673	612,618	1,246,101	871,289	707,645	280,565	255,351	404,996	401,225	5,603,606
設備等／売上	30%	16%	9%	26%	16%	12%	4%	4%	6%	5%	12.8%

投資内訳

	22年5月期	23年5月期	24年5月期	25年5月期	26年5月期	27年5月期	28年5月期	29年9月期	30年5月期	31年5月期	10年間の総計
大型機械等投資額	22,200	427,184	329,670	168,460	267,120	412,435	616,664	486,000	535,242	188,290	3,453,265
太陽光設備投資額	0	0	0	901,559	541,587	0	234,407	685,719	0	0	2,363,272

B/S

単位：千円

	1	2	3	4	5	6	7	8	9	10	
	22年5月期	23年5月期	24年5月期	25年5月期	26年5月期	27年5月期	28年5月期	29年5月期	30年5月期	元年5月期	
預金等残高	1,859,451	1,810,381	2,635,266	2,910,576	2,758,470	2,135,876	1,804,777	2,261,583	2,926,508	3,798,801	
自社株買い金額	6,000,000						1,400,000				7,400,000
	創業者へ						親族へ				

顧問税理士・島田二郎氏のコメント

平成21年に創業者・平昭七氏を継承してからのこの10年間は、常に事業の将来像を念頭に置いて、特に、東日本大震災後、いち早く異業種の太陽光発電施設を建設しています。本業においては、最新の省エネ・省人化へ、さらに鍛造機械のオーバーホールと、果敢に投資していった経緯がこの表から見て取れます。私は、顧問税理士として、この設備投資金額の大きさと、その大胆さに驚かされ、注意をしたこともありました。今となっては、社長としての平美都江氏の事業に対する先見の明と、それを実行するエネルギーに敬服しています。本書には、これからの若い事業家のみなさんがその活動において学ぶべきヒントがたくさん詰まっております。どうか、何度もお読みになっていただけたら幸いです。

いろいろなことがあったでしょう？　リーマン・ショックという世界金融危機、東日本大震災と円高、米中貿易摩擦、そして今、コロナ。今は財務的には融資を受けられる。各種助成・補助金も多く出ていて、手が打てる機会が増えています。右ページの表で、私が力説する省人化・省エネ化の設備投資と異業種参入した実例をご覧ください。我が社の数字そのままです。手が打てる機会にもなっています。

設備投資するほど人件費が減る設備投資を考えるべし

このサイクルがうまくいく理由はほかにもある。正しく設備投資をしていれば、生産効率が向上する機械を導入すれば、結局人手がかからなくなるわけです。これも重要なポイント。三つ目のコストは人件費でしたが、そこを減らし、注文が3倍になっても同じ人数で生産できるようにしました。

設備投資というと、生産設備を増やすことに目が向きがちですが、それは昭和のような、成長率の高い時代の考え方。どんどん機械も人も増やし、じゃんじゃん作って売れればいいならそれでOK。

でも今は、受注量は減る一方なので、コスト競争力のあるやり方を追求するために設備投資する。だから、50人で作っていたものを40人、30人で作れるように新しい設備を探します。ただし、大きな機械1台をポーンと導入して、人をバーンとは減らせるわけではありません。大きな機械にくっついている人を1人減らし、1人減らし、機械と機械の間にいる人も1人減らし、2人減らしと、徐々にやっていくのが重要なポイントです。この点は、多くの経営者が相変わらず誤解しているポイントでもあります。

極端な例では、1人分、1日分も削減できない場合でも1日の半日分でも、半人分でも、まずは削減できることをしていき、その時間を次の日の準備に当てることができます。

減らした人員には、ほかの仕事や技能を習得させ、多能工を育成する。上流下流の新規案件を受注、または有給休暇取得、感染症対策（突然、誰が休んでも）によって、ライン生産低下防止も可能です。

こう書くと、私がどんどん従業員のクビを切っていく怖い経営者に思えるかもしれませんが、それは正反対。設備投資は従業員の安全向上、そして快適な労働環境作りを優先しました。

何に設備投資すべきかは、現場を観察することから見えてくる。これは第3章で述べることにしましょう。

そんな資金はない？　それなら……

初めの一回転がうまくいけば、会社は稼げるようになって、しかも現金がより残る。急な坂での自転車の漕ぎ出しを想像してください。次の不況期にはより稼ぐ力が強まって、さらに現金が貯まって自由度が高まっていくことになる。

ただ、問題なのは、頭ではわかっていても、最初の一回転目を回すだけの現金がなかったり、勇気が出なかったりする場合。そんなときは、

積極的にリースを活用する！

ことを考えてみてほしい。

なぜか。リースは通常の設備投資とは違い、最初の段階でまとまった現金を支払わなくていい。しかし、減価償却の代わりに、リース期間一定のリース料を払うのですから、リース期間と減価償却期間は、若干異なることがポイントですが、実質的な効果は同じになる。だからこそ、最初の一歩を踏み出せない企業はリースを考えてみるといいでしょう。

というか、じつは現金があるうちの会社も、今はリースを活用している。

なぜかって？　現金を手元に残しておきたいからです。

今は、それなりの財務諸表を見せられる会社であれば、どんな設備であろうとリースはほぼ受けられる。会社の経営状態によって、リース料に上乗せされるプレミアムが上下するだけ。

うちの会社なんて、たとえ償却期間終了前であっても、新技術が開発されたり、より効率のよい設備を見つけたりすれば、前の設備を捨てて除却損を計上します。これまた、この分の税金は減額されます。このあたりの経営判断は、柔軟性をもって設備投資をやりたいところです。

Episode 06

利益を出したいなら考えて、考えて、考え抜く

Successful episodes of company management

帳簿を見てもわからない経営者は現金を貯められない

これも何度でも繰り返し書きますが、利益の出る経営改善を行うヒントは、すべて自分の会社の帳簿の中にあります。経営者なら、今後は今まで以上に、それこそ穴が空くほど、帳簿をよくよく見る必要があります。私は100回総勘定元帳を見ました。ライバル会社の信用調査表と比較もしました。

金がないのに、大して勉強もせず、「帳簿なんて見たって何も見えてこない」なんて言っているような人がいる。これだけは言わせてください。

利益を出したいですか？　お金を貯めたいですか？

どうやって経営したいのか、どんな理念や目標のために会社を経営しているのか考えているなら、帳簿の数字の中から見えてくるヒントが、数字が語ってくれる情報が必ずあります。いい格好したい、今年をうまくやり過ごせればいい、地元で大きな顔ができればいい……などという思いに支配されていると、いくら帳簿を眺めても何も得られないでしょう。

コロナ禍で、かえってお金が借りやすくなっている今、普段から何も考えていないと、せっかく手元に現金ができても、どう使うべきかわからず、いつの間にか消えています。

結果、安易に借りたお金を何も活かさないでずるずる使ってしまい、好況になって返済しなければならなくなったとき、逆に返せなくなって倒産なんてこともあり得るのでは？

そんなのと比べたら、私の父は立派でした。成長の時代だったから帳簿なんて気にせず、目標はいつもシンプル。「世界一の鍛造屋になる」しかなかった。そのためには今の常識だと無茶な規模の設備投資もしていたし、借金も恐れなかった。

帳簿には見る順序がある

業種ごと、企業ごとにさまざまな事情があるけれど、帳簿の分析はそんなに難しくありません。シンプルにまとめるとこういうこと。

・費用（出ていくお金）も収入（売り上げ）も額の大きいところに注目する
・費用削減と売り上げアップも額の大きいところから手をつける

これだけ。数字のカサが大きい科目の問題を解決できれば、効果も大きいということです。

言われてみればその通りかもしれないけれど、じつは、知ったかぶりをしたがる経営者、かっこつけたがる経営者は、この点を無意識にスルーしがちです。全体を見ることより、自分の気になるところ、自分の得意分野だけについ目がいってしまって、額としてはたいしたことのない部分だけ手をつけて、なんとなく「仕事した気」になってしまう。そういう落とし穴を避けるために、額の大きさだけにまずは注目するということです。

どうやって改善すればいい？

うちの父は若い頃、よりよい技術を知りたくて、ライバル企業までわざわざ出かけ、塀のすき間から何か見えないか、必死になって探っていたという。ほとんどスパイだけど、とにかくやる気や負けん気はすごかった。

帳簿の改善も、じつは似たところがあります。コストがかかっている部分をどうすればいいか。その正解を確実に持っているのは、同業で利益を出している企業だということ。だから、もし周囲にライバル企業があるなら、なんとしても探ってみたり、人づてに聞いてみたりするといい。必ずヒントが得られるし、最初は真似してみればいいんです。

うまくいっている他人、他社の真似をすることは、悪いことでもなんでもない。恥ずかしいなんて理由でぐずぐずしているヒマがあるなら、まずは素直にやってみるべきでしょう。いったんバカになって真似をしてみることで、さらに効率のいいやり方が思い浮かぶかもしれません。そうしているうちに、気がついたら真似したライバルを追い越している場合が多いんです。

ただ、常にコスト改善意識を持っていると、まったく関係のない業種の現場を見たり、話を聞いたりしても逆にうまくいっていない会社からもヒントが得られるんですから、不思議なものです。

Episode
07

お金を貯める経営を知り尽くす

Successful episodes of company management

私は税理士への転職を考え、勉強していました

薄々お気づきかもしれませんが、私って、感覚が少し変わっているでしょう？　その理由の一つが、税法を含むお金の常識に敏感なこと。別に銭ゲバではなくて、一時期、税理士を目指していた時期があったのです。

そんな私が、ここで一つ強くアドバイスしておきたいのが、次の公式。

税の常識　＋　お金の苦労体験　＝　最強の経営者

私、こう見えて昔はコンプレックスのかたまりだったんです。進学校の国立理科系のクラスメートは優秀な人ばかり。せっかく東京の女子大に通ったのに、いろいろあって父に呼び戻され、中退してうちの会社に入った。

かといって、うちの会社を継ぐのはあくまで弟ですから、私には先が見えない。ならば、ということで、会社の役にも立って、いずれ独立しても生きていけるようにと、40歳過ぎてから税理士の勉強を始めたんです（その前に、宅地建物取引士、ＣＦＰ、

一級ファイナンシャル・プランニング技能士など取得済)。

今語っている知識や感覚は、この当時の勉強のおかげ。会社を売ろうと決心したのも、相続税を勉強していたからだった。これは、全国の同族経営の社長さんたちに声を大にして言っておきたい。

同族企業を「相続」する最高のタイミングとは？

私が元気で、目の黒いうちに会社を引き継いでおきたい。それが会社の株を売却したきっかけだった。でも、最初から100億で売却できると思っていたわけではないし、相続を考えたら、むしろ高い価格にならないほうが有利にもなる。私は相続税を知っていたから、この点も有利に運べました。

会社は利益を出すためにあるわけだし、利益を出せている会社の株式は当然高く評価されるけれど、好景気・好業績のタイミングもあれば、逆のタイミングもある。それは仕方のないことで、設備投資の機会としてうまく利用するべきだと述べてきた。

同時に言えることがあります。

死んでから会社の株を「相続」させるより、生きている間の不景気時に「贈与」しろ！

同族企業の株式の相続（生前なら贈与）を考えるとき、会社の業績がよくて、株式の評価額が高いと反対に難しくなることがある。

特に、オーナー経営者が亡くなるタイミングと、会社の業績は基本的に関係がない。亡くなったタイミングが好業績なら、いやおうなく高い相続税を払うしかない。

ならば、オーナー経営者の目の黒いうちに、あまり業績のよくないタイミングで、株式の評価額が低いうちに、計画的に評価額を低くしておいて、あらかじめ贈与して相続問題を片づけてしまったほうがよいと考えました。

オーナー経営者は事業継承の責任を持っている

これは、オーナー経営者とその家族には必ずといっていいほど起こる問題です。相続税で多額の現金を払うことで、オーナー家に最大のピンチが到来します。私は、オーナー経営者であれば、この問題にしっかり手を打っておく責任があると思う。

急に亡くなってみなさい。家族や親戚は大混乱し、財産や経営権を巡っていさかいを始めるかもしれない。急に多額のキャッシュアウトを迫られて会社を手放さざるを得なくなるかもしれない。そんな様子を見ていたら、従業員もお取引先も不安に思うしかないでしょう？　だからこそ、

不況時には　設備投資　＋　相続対策（計画的に評価額を低くしておく）

と強調しておきたい。

この問題をすっきり整理しておけば、残りの人生も心おきなく働けます。

計画的に評価額を低くしておく相続対策は、約3年かかります。このポイントも設備投資の減価償却費が重要なファクターになります。

Episode
08

おばちゃん経営者流
お金の守り方＋リスク感覚

Successful episodes of company management

お金を考えずには生きていけない！

最後に、会社の財務からはちょっと脱線して、経営者ではなくても役立つ、より一般的なお金や投資への考え方について述べます。

お金に対する私の考え方はこれ。

「中産階級」ほど、投資なしでは生きていけなくなる！

ということ。

まず、基本中の基本として、個人の生活も「赤字からの脱却」がとても大切。いくら高い給料をもらっていても、飲み歩いてムダづかいして、月収１００万円で１２０万円使っていれば、どんどん借金は増えていく。反対に、月20万円しか収入がなくても、支出を15万円に抑えていれば、年間60万円貯金できることになる。

ただ、これからの時代に考えなければいけないのは、その月5万円、年60万円で何をするのか、ということ。ある程度現金は手元にあったほうがいいけれど、もし今のまま人生を終える気がないのなら、何かに投資しましょう。

ここでいう投資は、株式投資などの金融商品ではなく、いわば「自分への投資」。勉強の資金にしようということ。月5万円全額を使わなくても勉強し、月収20万を25万、30万、50万、100万にしようよ、ということです。

私が税理士の勉強を始めたのもそんな理由だった。まあ結局、税理士にはならず社長になりましたが、でもあの頃、自律神経がおかしくなるほど勉強したことが、今役に立っています。

お金の感覚を磨く方法

本来の投資の話もしておきます。

私は、株式などで積極的に利益を狙いにいくような投資はまったくしてないし、そもそも十分に研究しないで、できるものでもないと考えています。投資について、甘く考えてはいません。

ところが、もっと大きな目で世界経済の今後を考えた上での、広い意味での投資は

欠かしていない。つまり、

×　明日、株は上がる？　下がる？　どの株が儲かりそう？

ということはわかりませんが、

○　今後長い目で見て、世界景気はどうなりそう？　ドルと円ではどちらが有利？

ということは、経営者ですから絶対に考えます。

コロナ禍で世界中の中央銀行で金融緩和を大胆にしている→お金の価値が世界中で下がる→世界中の資産価格が上昇する→やがては株が有利になり金の価格は下がるだろう、とか。こういうのは、投資の研究というよりも、普段の情報収集と学びの中から、大きな経済の流れを考えていれば、当然答えが出てくるもの。

今なら、現金で持っているよりも株や金、あるいは暗号通貨（仮想通貨）が有利になることくらい、自然にわかる。そうした大きな流れに沿ってお金を動かし、投資とともにリスクをあらかじめ分散しておくことは重要です。

個人の生活も「現金第一主義」

私は今、現金は決済用預金にしてあります。預金保険が適用されるのは一銀行一人当たり1000万円（利子が付く場合。決済用預金は無制限）までだから。金融危機から間もない20年前には当たり前にいわれていたことですが、最近は忘れられていない？

もっと細かい話をしましょう。一つ質問。

日本全国が突然の大災害で停電！　さあ今、家に現金、いくらある？

いや、私だって普段はキャッシュレス生活です。カードも、ネットバンキングも使う。でも、突然システムが落ちて、それらが使えなくなったら？　私はその意識を欠かしていない。大災害に対応できるだけの現金は、常に意識して持っている。取り越し苦労の性格です。

私は結局、リスクへの想像と備えをどこまでできているかが、経営に大切だと考えています。

会社の工場を見ていると、いつでもリスクを考える。ここが洪水になったら？　電気が来なくなったら？　そのために今準備しておくことは？　家に帰ってきても、お湯を沸かしていても、水が出なくなったら？　ガスが止まったら？　停電したら？と考えてしまう。

お金や投資に対するスタンスも、結局、リスク感覚の有無に尽きるのではないかと思う。自分でリスクが管理できているのであれば、その感覚を投資にも反映させておけばうまくいくし、いざというときにも余裕が持てるでしょう。

遠慮なければ近憂あり、です。

第2章

理念と目標 そして具体的な方法――

3段階手法で、考えている?

父の遺した屋敷にて

Episode
09

二代目・三代目、今さらでも、こうありたいと考える理念・目標を掲げる!

Successful episodes of company management

この質問に即答できる？

第1章では、ほぼ100パーセント、経営のテクニックの話をしました。

では、テクニックさえよく知っていれば、会社は利益を出せて、100億円を得られるか？

そこまでたどりつくには？

赤字をなくす方法、会社を利益体質にして強く変えていくやり方を、ただ頭で理解するだけでなく、実際に徹底してやり抜くには何が必要かです。続いて、そこに入っていきたい。

経営者は、ただテクニックとしての財務を学べばいいのではない。経営者として会社をどうしたいのか、どんな理念を持ち、目標に向かって経営しているのか、問われているのはそういうこと。財務の知識を得たからといって、改善や改革ができるわけではありません。毎日毎日の積み重ね、継続してやり続けないと、大きな結果にはつなげられない。うまくいかないことばかりが続けば、あきらめてしまう。それを継続した力にするのが、理念や目標なのです。

次の質問に、即答できるだろうか？

会社を経営している意味は？
社長としての「こういう会社でありたい」という理想は？
今年の目標は？

適当ではなくて、心から、確信を持って自分の答えを言えるかどうか。

ソフトバンクの孫正義会長に、ファーストリテイリング（ユニクロ）の柳井正会長兼社長に聞いてみれば、きっと即座に「世界一になる」と話し始めるでしょう。そのために今何に取り組んでいるのかも。規模の問題じゃない。漫然と仕事していてはダメだと、私も日々自分に言い聞かせています。

日本は、現実を認めないバイアス国

小さい頃から親や会社のことをよほど熱心に観察していなければ、主体的な気持ちがないままに、気づいたら社長になっていても無理はない。深く考えることなく、小さい頃からそう思いながら、当然のように、しかし漫然と社長になった人もいる。

ならば、大手上場企業の経営者はさすがに違うのかというと、これもまた私は否定的。正直に言って、一流企業とされるところの経営者からも、最近は「世界一を目指す」という言葉をめったに聞かなくなった。さびしい話です。

海外企業との取り引きも多く、海外出張で現地の変化を肌で感じている私には、実際に日本企業の存在感が低下する一方だと感じる。

うちは地方の中小企業だけど、毎日毎日、世界最高品質の製品を安く製造できなければ生き残れない、という危機感で日夜努力を重ねている。

ところが、最近の日本の経営者には「まあ、世界3番目くらいでいいんじゃないか？その辺が現実的だろうし、ここ数年、とりあえず自分の任期だけ無事に過ぎれば……」という、保身で経営しているような雰囲気を濃厚に感じる。経営者が壇上でスポットライトを浴びながら理念と目標を述べたりはしないし、今年、来年ではなく、未来を見通した目をみはる戦略も語らない。

日本企業も、世界に発信できる理念や目標がないばかりに、気がついたときには取り返しのつかない経営危機になっているのではと、危惧しています。悲しいのは、うちの会社がその末端に位置していることです。

むしろ中小企業にこそチャンスがある

ただ、考えてみれば、無難な人がトップになっているような大会社に比べたら、まだ中小企業のほうが救いがあるかもしれません。

なぜなら、経営者自身が本気で変われば、大手のような取締役会の決議が必要な鈍い動きをしないですむからです。

この大変革の中、たとえ大手企業であろうと、道を間違えれば跡形もなく滅亡する。反対に、中小企業でも大きなチャンスをつかむことができるかもしれない。どちらに進むかを決定づけるのが、「どんな会社にしたいか?」という強い思いなんです。

自分を鍛える魔法の言葉

私は経営者になる気もなかったのですが、立志伝中の人、叩き上げの経営者だった父を間近で見て育ったせいか、創業経営者の本が好きだった。本田宗一郎氏、松下幸之助氏の考え方を読んで感銘を受けて、身近な父と比較しながら成長した。だから、相変わらず孫正義氏や日本電産の永守重信氏の言動に興味があるのかもしれません。

おかげで、私は若い頃から、

もし、私が経営者だったらどうするか？

と、いつもシミュレーションしていた。ちょっと生意気です。

でも、これって魔法の言葉だと思う。常に考えることで、頭が回る。

私の父は「世界一になる」「すべての仕事は社長の仕事」と考えていた。そのために後年、他人の話を聞かなくなってしまったものの、少なくとも自分の頭で考え、判断する人だったし、何より熱い人でした。

そんな父を尊敬し、同時に私は、「父はこう判断しているけれど、私だったらどうするか、私ならこうする」と考えていた。

今考えれば、父の影響を受けながらも、決して父のコピーではなく、時代の変化、世の中のありさまをいかに取り入れていくか、ありがたいことに、常に自然に考えていました。

親や創業者に縛られなくていい、一燈を掲げて暗夜を行く

私のようなパターンは少し変わっているので参考にならないとしても、二代目、三代目の経営者が創業者の「偉大さ」を気にしすぎて萎縮しているのはもったいないと思う。ましてや、それが実の親、それもまだ健在なのであればなおさらでしょう。

私の知る限り、親に遠慮して、親に頭が上がらなくて、せっかく受け継いだ会社を時代に合わせて変えられない経営者が多い。そのせいで自分を卑下してしまうこともあるでしょう。

会社をゼロから作ったのは創業者だから、まずは創業者に学ぶべきだと考え、やが

て創業者以外からは学ぼうとせず、独自の判断もできなくなっていく。そして、結果的に会社をつぶして家族や従業員を不幸にしてしまうんです。

創業社長はゼロからのスタートですから、かつては貧乏に耐え、人に頭を下げ、歯を食いしばり、ここぞという局面で腹をくくってリスクを取った経験を持っている。「あのときは大変だったんだよ！」なんていう、伝説めいた武勇伝もたくさんできる。

それと比べれば、二代目、三代目は辛い。従業員や地域社会からは「○○社長の息子、娘」として見られて育ち、「坊ちゃん、お嬢さん」と持ち上げられもするけれど、少しでも失敗しようものなら、「ほら見たことか、世間知らずが」と陰口を叩かれるんだから。

考えてみれば、非常に厳しい話です。じつはうちの会社でも、若い親族が引き継がなかったのも、最終的にはこうした苦労ができなかった、という〝比較される〟という宿命があったからかもしれません。

それぞれの人生ですから、せっかくやるならば、難しくて悩ましくても、自ら頭を働かせて、理念を考え、比較や非難に耐え、目標を定めなければいけません。そうじゃなければ後悔する。

既存の社風、古典的な家訓を変えられるくらい、必死に考えることこそ、後継者の本当の使命なのではないでしょうか。やりがいはあります。

Episode 10

理念・目標・方法の3段階で展開する

Successful episodes of company management

理念と目標、どちらが先？　それは当然……

いきなり難しい話になってしまいました。今まで理念や目標など考えたこともなかった人は、頭が痛くなるかもしれない。

理念と目標を、どうやって自分で考えて、作ればいいのか。まずはシミュレーションしてみましょう。

理念と目標、まずはどちらから考えるか。あなたはどうします？

まあ、普通に考えれば、まずは理念があって、そのあとに目標を立てることになるでしょう。ダイエットにたとえればわかりやすい。

【理念】美しく生きる　美しい生活

【目標】体重○キログラム　体脂肪率○パーセント
【方法】食事は一日1800キロカロリーまでにする
毎日1万歩歩く

寝る前に腹筋20回する……などなど

「美しく生きる」という考え（理念）なしに、いきなりカロリー制限したり、歩き始めたりはしない。方法は、あくまで理念を現実化するための具体的なプランだから。理念がないと、ギブアップしやすい。

志を自然に高める方法がある

ところが、なかなか動けない人のために、ここであえて私は提案してみたい。

まずは「簡単で」「具体的な」「目の前の」目標を作って志を高める

いつになってもグズグズしているくらいなら、まずは、なんでもいいので目標を立ててしまうこと。それも、非常に具体的な。とにかく目標を決めて動くことで、自然と志が高くなる効果を利用するのです。

〝具体的〟というと、難しく考えて、「来年度の原価率を20パーセント抑制する」とか、「地域のライバル企業を超える」とか、極めてまともな目標を立てがち。もちろんできるのならそれでかまいませんが、少なくともこうした目標を達成するためには他人を動かさなければならないから、簡単ではないでしょう。

ポイントは、

最初は「自分だけでできる」目標・方法を設定してみる

ことです。よし、やってみようと自分さえ決心すれば、すぐに動き始められるものがおすすめです。

朝2時に会社に来るという方法

私のケースでいえば、朝2時に会社に来ること。

2時がはたして「朝」なのかという問題はさておき、私は東日本大震災後、思うところがあって、個人的に朝2時出勤をスタートしました。

もっとも、現在の通常操業時であれば、うちの工場は24時間3交代制で稼働しているから、別に2時に事務所にいてもおかしくはない。ただ、これはあくまで私が個人的にしている方法であって、早出する事務職員でも7時近くまでは来ないので、5時間近く独りで事務室や現場で、一番難しい仕事から作業をスタートしています。

なぜ2時出勤を始めたのかというと、情報やデータを整理し、じっくり考え、判断できる時間を毎日確保したかったから。仏教の最も厳しい修行という「千日回峰行」(千日近くにわたって比叡山《ひえいざん》を高速で歩くなどの修行。達成者は「大阿闍梨《だいあじゃり》」と呼ばれる)も、深夜に始まると聞いたことがあります。

とにかく2時に来る、と決めて実行することで、自分自身に活を入れることができると実感しています。2時に出てくるという方法を設定・実行するのは自分だけですから、自然と志が高まりました。

志が高まると、あらゆることに好影響があるんです。結局、習慣になり、何かによって志が高まり始めると、自分自身が理念を考えやすい頭になると感じるのです。だから、目標や方法が先で理念をあとから考えるのも、全然アリだと思うんです。

Episode

11

創業時の父の目標は〝日本一になる〟。高い目標設定が成長の原動力に

Successful episodes of company management

スタート時から「日本一」という突飛な目標

より具体的な目標を作っていくケースを考えてみましょう。

目標は、当然数字で示されますが、業種や企業によって、現実的な目標設定のラインはさまざまあるはず。そこでここでは、より大きな目標、私の父が常々語っていた「日本一になる」という目標を立てたと仮定しましょう。すごい目標でしょう？　仕事ゼロの時点でしたから。私は物心ついた時点で、父がすでに生産量ダントツ日本一の鍛造会社になっていましたから非現実的とは思わなかったのですが、そういう環境で育っていない人には、崇高すぎる、あるいは突飛な目標に見えるかもしれません。

私の父は、その突飛な目標設定を、口から出まかせ、言いっ放しではなく、具体化する天才だったと思います。

父の実践方法はこうでした。

・日本一になる！
↓

・この業界で日本一の会社にする
　↑
・業界日本一の会社にするには？
　↓
日本で一番多く仕事を取る

うちの場合は鍛造リング日本一の企業。多くの仕事を受注するには、鍛造リングを必要とする一流企業とばかり取り引きしなきゃならない。そう信じて、そうなるように行動に移すのです。

目標があれば挫折を試練としてみなす

少し細かい話ですが、うちの会社で作っている鍛造リングを一番必要とする会社は、ベアリングメーカー。現在、親会社になっているうちの一社も、世界大手ベアリングメーカーの一社です。

で、父は当時、日本一になるためなら、日本指折りの一流ベアリングメーカー一社とだけ付き合うのでは不足だと考えた。

なぜなら、一社とだけ付き合っているのは子会社にすぎず、成長できないと考えたから。つまり、一社に頼れば、その発注元は下請けを「生かさず、殺さず」に扱いたがるし、場合によっては乗っ取りに出てくるかもしれません。そうして乗っ取られた会社を何社も見てきました。

何社もある一流の大手ベアリング会社を向こうに回して、どことも平等に付き合うには？　技術を磨き、改善を重ねていくしかないでしょう？　そうして、それを実行してきたからこそ、本当に全社と平等に取り引きでき、成長を持続することもできた。建設機械メーカーと取り引きするようになっても、やはりシェア上位の会社へ順番に営業をかけて、全社との取り引きを成功させてきたのです。

「あんな大きな会社に行ったって相手にされないだろうな」とか「門前払いされないかな」などという不安を克服し多くのハードルを飛び越え、日本一の生産量を10年以上記録しました。ちょうど1990年代のバブル時代のことでした。心配のようなものはまったく持ち合わせていなかったように思う。日本一になることが目標だから、そんな細かいことは気にしない。父の口ぐせを借りるなら、

「日本一の会社の製品なら、どの取引先、どんなお客さまであろうとうちの製品をほしがる」

というわけ。その状況を実現するために、何を頑張ればいいのか、それだけを考えて走ってきた人だった。

「ナンバーワン」はわかりやすい

私の父の例から学べる重要なポイントは、

目標を立てるなら、ナンバーワンを目指せ!

ということ。

ただ、いきなり日本一ではさすがにハードルが高い、非現実的と考えるなら、「ナンバーワン」はそのままにして、「日本」をもう少し現実的な範囲に換えればいい。日本一ではなく県内一。あるいは地域一番でもいい。とにかく「ナンバーワン」は譲らないことが重要なんです。

一番じゃないとダメなんですか？　一番じゃないとダメなんです！

なぜなら、「ナンバーワン」を目指すということは、「シェアを拡大する」「品質を最高にする」「サービス価値を三ツ星にする」などが目標になるから。シェア・品質・サービスを三ツ星にするためには何をすべきか、必ずそこに落とし込めるようになる。「ナンバーワン」を目指した結果、目標を達成できなくても、5番手から3番手に上がった、というのは悪くない。しかし、最初から「3番手を目指す」と決めてしまうと、どうしても甘やかしてしまいがち。まあまあでいいや、そこそこを目指そう、というのは、なんだかかっこ悪いと思いませんか？　3番を目指して3番手になれたという話は、聞いたことがありません。

Episode
12

理念を目標に落とし込むには実現しやすい具体的な方法を考える！

Successful episodes of company management

目標は作るだけでは意味がない

目標を立てたのに実行できなかった人の理由を私なりに考えると、立てた目標がどういうことなのか、それが達成されるとどうなるのか、はっきりしたイメージができていないからではないかと思います。すると、具体的で詳細な目標にはなりにくく、そらごとばかりが先行してしまうのではないでしょうか。

会社も経営者もまったく同じこと。この本を読んで、「よし、地域一番の企業になる！」と決心し、それを朝礼で従業員に説いたり、紙に書いて貼り出したりしてみても、それだけでは何も始まりません。

目標は決まっているのに実行されないのは、

目標を実現するために何をすればいいのか、ブレークダウンがなされていない
具体的な方法に落とし込めていない

からです。

たとえば、シェアを拡大するために、海外に営業をかけて売っていこうという目標を掲げたとしましょう。

そのために、「海外に売っていく！」と紙に書いて事務所に貼っておいたら、誰かが気を利かせてやってくれるとか、海外から勝手にお客さんが来てくれるとかありますか？

まれに、念の強さでアファメーション効果を出すことも……。そのためには、海外の取り引きしたいお客さまの名前を書くのです。いくつも。そこにたどりつくためには、今の取引先の延長でいいのか、商社に頼むのか、あるいは行政に問い合わせてコンタクトを取るのか、その方法まで考えます。そして、そこまで書き出します。

引くに引けなくしてしまう

海外に売っていくという目標を立てたとしましょう。私ならこんなステップを踏みます。

【海外の企業に売りたいなら?】取り引きしたい会社名を掲げる
【コストカットしたいなら?】できそうな機械を手当たりしだい探す

といった具合。

ポイントは、具体的な方法に置き換えること。取り引きしたい会社をとにかく調べて、実際に連絡をつけるための方法を考えるわけです。

そして連絡を取りまくり、どこかに縁がないか探ります。もしもつながりがあったなら、その場ですぐアポイントまで持ち込んでしまいます。同行者や出張の日程も押さえてしまう。航空券もホテルも予約する。

こうなってくれれば、もはや忘れたり逃げ出したりはできなくなる。他人を巻き込んでいるから、ドミノ倒しのように相手から連絡が来る仕組みができて、どんどん次の日程が決まるから、嫌でも行かねばならぬという仕組み。

コストを50パーセントカットしたい、そのために工場の機械を見直したい、と思ったら、すぐさま機械の担当者に来社してもらう日取りを決めてしまえばいい。面会すれば話はさらに具体的に進行する。

もちろん、うまくいかないこともあります。すぐには海外とのコネクションが見つからないこともあるし、改善のアイデアはあるけれど、入れ替えに適した具体的な機械設備がすぐには見当たらないこともあるでしょう。その場合も、すぐにほかを当たる。半年後、1年後には必ず実行に移すと周囲に宣言し、そのための定期的な連絡を取り合って、常に最新の情報を共有するようにするわけです。

とにかく、細かくブレークダウンしていってどんどん動くことが大切なんです。

Episode 13

目標は口に出す！他人（従業員・商社）が納得する説得力を身につける！

Successful episodes of company management

目標は修正してもいい。だが安易に決めてはダメ。綸言汗《りんげん》の如し

目標をいったん立てたあとでも、やり始めてみたら事情が違っていたり、自分の中に誤解があったりして、目標自体に間違いが見つかることもある。人間だから仕方ありません。

間違った目標は、もちろん修正してかまいません。

「来年までに日本一を目指す！」が、やってみた結果ハードルが高すぎたので、「3年後に日本一」とか、「来年は県内一」になるのはOK。

ただ、安易に決めてはいけません。よく考えて設定して、それでもダメになることはあるけれど、かっこつけて適当に勇ましいことを言って、やっぱり無理だから変えました、では、さらにフェードアウトで周囲もしらけてしまう。やがて、そんな人が言い出す目標なんて、誰も信じてくれなくなります。

これ、オーナー経営者にはありがちなことです。忠告してくれたり、叱ってくれたりする人がいないから走り出して、やっぱりできないのでフェードアウトし、なかったことにしてしまうのです。

達成可能な目標を作るには？

ただ、オーナー経営者が強い意志を持って会社を引っ張れるのはメリットでもあるわけで、その線引きは難しい。

そこで提案したいのは、

経営者は目標を自分の言葉で語るべし

ということ。この段階を踏むことで、安易な思いつき、検証の不足した目標設定を避けられます。

自分では素晴らしいと思い、達成可能だと考えられる目標を思いついたら、なぜそれが素晴らしいのか、どうやって達成を可能にするのかを、決定前に周囲に説明するようにすればいいわけです。もっとも、金融機関に融資をお願いするときには同じような手はずを踏むはずです。

これができないような目標であれば、安易だし、実現不可能である可能性が高い。反対に、目標を考えるとき常に他人を納得できるような言い方をどうやってするべきか考える習慣をつければ、自分で自分を検証できるようになるというわけです。

周囲も巻き込み、同じ舟に乗せる

実際に他社に対して説明してみることもおすすめします。オーナーであれば誰の許可も必要ないものの、急に決定事項として従業員に言うくらいなら、まず自分の頭で考えてから従業員や取引先にプレゼンする。お金を借りているなら、金融機関や会計士・税理士などに「案」として述べ、たくさんの人から忌憚のない意見や支援を集められるようにしておくといいでしょう。

面倒だな、と思うかもしれませんが、わざわざ善意で検証してくれる人が多ければ多いほど、その目標は具体性を帯びるし、自分の考えを磨くこともできる。自分を止めてくれる人がいないからこそ、自分の考えを客観視してくれる人がたくさんいるほうが有利です。味方は多いほどいい。

考えてみればありがたい話です。私が自分の不明から間違いを犯す前に、わざわざチェックしてくれるんですから。でも、オーナー経営者は自分からそういう人を作らなければならないということ。基本的に「社長が言っていることに反対する人」はいないし、わざわざ反対して機嫌を損ねることにメリットを感じたりもしない。触らぬ神にたたりなし。だからこそ、自分から聞きにいかなきゃいけないんです。

これは、現場をどうやって改善していくか、という問題とも直結するので、第3章でも述べていきましょう。

Episode 14

「過大な寄付」をした経験が、私の今を実現させた

Successful episodes of company management

私が寄付をする理由

私が寄付をする理由は、もちろん人のためということもありますが、自分自身のモチベーションを上げるためです。

寄付がなぜモチベーションを上げるのか。こんな流れで考えているからです。

寄付をしたいという純粋な気持ちは、常に私の中にあります。自分の力でできる精一杯のことをさせてほしい、しなくてはダメだと思うんです。なぜなら、私は何不自由なく仕事ができている幸せな状態なのに、世界にはそうではない、困っている人がたくさんいるから。

そもそも、私が一生懸命仕事ができる環境にいるのは、単なる幸運でしかありません。運がよかっただけ。もしも私が頑張りたくても頑張ることのできない状況にいたら、現状は絶対に今と同じではありません。

そんなことをいつも考えていると、つい、どうしても、「精一杯」の限度を超えて寄付をしてしまうんです。傍《はた》から見れば、「寄付は大切だけど、額が多すぎるのでは？」ということ。

そこで私は、寄付した分を埋めようと、もっと仕事を頑張るモチベーションが上がるんです。そして、さらに稼いだ分をどんどん寄付していけば、モチベーションは全開になるというわけです。

私の成功が誰かの幸せに。苦難に耐え、頑張っている人がいることを想う

あとでも述べますが、私自身、極貧の暮らしをしていた時期もある。だから特に、自分の努力以前に、生まれた環境、あるいは自分の力がとうてい及ばない苦境にいる人に対して、どうしても同情心（同感）というか、放っておけない感情を抱いてしまう。

私が今、こうして日本でそれなりに成功し、さまざまなお客さまを相手に充実したビジネスを展開できている一方で、世界には、戦乱による難民や、食糧不足に苦しむ人がいる。特に、子どもがそうした状況に置かれているのは、非常に辛い。これは正直な気持ちです。

何一つ不自由なく暮らしている中から、少しでも彼らの役に立てないかと考え、UNHCR（国連難民高等弁務官事務所）には、毎年200万円以上の寄付を続けています。そんなの一方通行の寄付で、自己満足だと冷笑する方もいるでしょう。あるいは、そんなに気の毒だと思うなら、直接自分で動くべきだと批判する方もいるかもしれません。

私は、自分が一生懸命仕事をすることが、誰かの役に立っている、助けの少ない人の今日の一食をつないでいると考えると、とてもやる気が湧いてきます。そのおかげでもっと頑張り、もっと寄付できるようになれば、お互いにプラスではないでしょうか？

私＝仕事を頑張ってお金を稼ぐ
寄付される人＝頑張れる環境になる

という循環になって、頑張ることができます。本当は、故中村哲氏の行動を最も尊敬しています。行動できる人が、やはり一番です。

私を変えた東日本大震災。個人で10年間1億2000万円の寄付

寄付が私にとって決定的なモチベーションに変わったのは、2011年の東日本大震災でした。

私自身、そしてうちの会社の設備には大きな被害はなかった。しかし、津波が襲った各地の様子、そして震災で傷ついた方たち、特に親を失った遺児の方が800人近くもいるという現実に、それまでの人生では経験のない感情を刺激されてしまったのです。

結果、私は、東北大学に電話し、遺児たちの心理ケアの研究室を設立してもらいました。

ポケットマネーとはいえ、いくらなんでも肩入れしすぎではないか、寄付はいいとしても額が大きすぎるのではないか、と心配してくださる方も実際にはいました。もっと現実的な話として、そんな余裕が会社にあるの？　と従業員は心中思っていたかもしれません。私の家族には「私たちがいることも忘れないでね」と言われました。

確かに一理はあるでしょう。

震災当時は、会社にとっては業績面で厳しい局面にありました。父から経営を引き継いだものの、リーマン・ショック後の世界的な景気後退を経て取り引きは戻っておらず、さらに急激な円高になってしまい、客先は海外への価格競争力もそがれて、ますます追い込まれていきました。

それでも、あまりに大きな額の寄付を続けようと考えたことに、私自身に迷いは一切ありませんでした。被災者から見れば、住む家も家族も無事なのだから、仕事がないくらい大したことはありません。

ただお金を儲けたい、だけでは続かない

その後の業績回復、そして100億円で会社を売却したことの原動力を、この寄付から得たのは間違いありません。

いくら会社が危機だと嘆いても、電気が来ないわけでもなく、肉親を失ったわけでもない。被災者の方々の苦痛に比べれば、経営の不振など大したものではないし、克服できると必死になれました。

被害を受けなかった私が頑張ることで、少しでも悲しみを和らげ、立ち直る機会にしていただけるかもしれないと考えれば、頑張ろうという気力が湧いてくるものです。そして、東北から離れた地で縁もない一個人も応援していると感じて生きる勇気を持ってもらいたい。

より現実的にいうと、私自身を単体で考えれば、不振の会社を建て直すのはそれなりの苦難です。しかし震災のことを思えば、なんてこともないではないか、と思えたのが現実です。

おかげで会社は再建できましたし、当時は持続できるか不安だった寄付も、無事完納できた。

そして東北大学のシンポジウムにも足を運び、具体的にどのような方々が、どんな活動をしているのかをこの目で確かめることもできました。心理ケアの難しさ、里親になった方々の悩み、そして一生懸命に学んでいる学生の方たち。私の普段の行動範囲では決して目にすることのない光景を見ると同時に、そこに私の寄付を役立てていただいていると実感もできました。

少し客観的に考えれば、目標実現のモチベーションを高めるために、特異な事例だったかもしれません。ビジネスはそれ自体大変で、愚痴を言い出せばきりがない。しかし、東北で私よりも頑張っている人たちがいることをいつも思い起こし、ここ一番の踏ん張りも利きました。

Episode

15

父と裁判で争ってまで守りたかったのは、父の天才的な鍛造技術

Successful episodes of company management

「父を追い出した鬼娘」

話が前後しますが、私は創業者である父と裁判で争い、最終的に名古屋高等裁判所において和解することで経営者となりました。その経緯と背景について、ここで少しだけ説明しておきたい。

外部から見れば、この裁判は、経営権を争う「典型的なお家騒動」に見えるでしょう。私を、裁判の名を借りて実の父を追い出し、社長になって100億円を手にした「強欲な娘」と決めつけることもできる。

でも、私が裁判をしてまで経営者になったのは、「父の技術を守りたい」「この会社を残したい」「父の名誉を守りたい」という目標の達成のためだったのです。

会社がピンチに陥った理由

私の父は、いろいろな意味ですごい人、天才であり鬼才であり、もともと気が短くてはちゃめちゃな人だった。会社を継ぐはずだった弟が不慮の事故で亡くなったあと、父はますます自信を深め、高圧的な交渉、経営を行ったことは、業界でえらい話題になってしまった。

もともと会社を乗っ取られた経験を持っているから、警戒心の強い人だったし、何よりなめられるのを嫌った。製品にクレームが入ると、かつては真摯に対応していたのに、いつからか「オレの芸術品にケチをつけるのか！　二度と売ってやらんぞ」と激怒するようになってしまったし、取引先に気に入らないことがあると、わざわざ大手上場企業の社長宛に直接内容証明を送りつけるようになった。すごいでしょう？

そうするだけの腕はあったのは確かなんです。私が経営者になったあと、取り引きが復活したあるシンガポールの中東系企業役員は、「タイラの製品なら検査は不要」とまで言い切った。それだけの技術と信頼を持っているのがうちの会社。ところが、そういう「芸術の域に近い製品」を作れるからこそ、ますます自信を深め、常識から外れた行動をするようになってしまったのかもしれません。

最後は、気に入らない会社は門前払い。これではいいモノは作れても、経営は成り立たなくなる。やがて取引先は少しずつ離れていき、うちの会社は、名声はあるのに仕事がない状況になったまま、リーマン・ショックや東日本大震災を迎えることになったのです。

父を守るために父と争う

父との思い出、父から受け継いだ教えは、本当にたくさんあります。その中でも、今も私を導き、読者のみなさんにも役立ちそうな内容を第5章でまとめて述べたい。

しかしそんな父と、尊敬する天才職人の父と、私は皮肉にも裁判で争うことになりました。父は数億円を150人余の従業員に分け与え、従業員の多くも父を支持し、私は常に不利な状況でした。しかし、当時の名古屋高裁の裁判官が、当社の持つ技術力の重要性、そして第三者への説明が難しい親子の確執について私の陳述書を採用してくださり、和解の上、経営権は私に移ることになった今があります。

世間には、私が父から社長の座を奪ったように見えたでしょう。しかし私は、父が情熱を注いで天才的な能力で築き上げた当社の鍛造技術を、たとえ父自らの手であろうと終わらせたくはない、という信念を貫き通しました。父の技術を守るために頑張ったからこそ、うちの会社にはゼロから100億円の値段がついたのです。

これでも、少し安く売ってしまったかと、後日、客先や信用調査会社から指摘されました。

裁判でもしなければ「今ここは、廃墟になっている」と、その頃父を支持した従業員も言っています。

この頃が私と会社にとって、最も難しい時期だったかもしれません。

第3章

現場改善――

気づいたら会社が100億円に！

父が考案した建設機械用部品。今でも世界中に輸出している

Episode 16

お金を貯める会社への大転換はまず社長から始まる!

Successful episodes of company management

納得し、自ら動いてくれる社員に

従業員を動かすスイッチは、社長が持っています

第2章は一人でできることが中心でしたが、この章で述べていく現場の改善は、一人ではできないことになります。当然、人と人とのコミュニケーションが重要になるし、何を、どうやって伝えるのかも大切。相手がいるから難しいことは間違いありません。

経営者がいくら高尚で素晴らしい理念を考えていても、自分一人でのビジネスをしない限り、従業員に動いてもらえなければ、何もならない。利益を出せる会社は、従業員を動かし、彼らが納得して働きながら、現場を改善できているからこそ存在し、持続可能なのです。

現場改善からしか利益は出てこない！

まずは、この点を肝に銘じています。

現場を自分の目で見たことあるの？
現場見て判断しているの？

言いたいことも言えない経営者は最低です。しかし、現場を知らないくせに偉そうな指示をする経営者の言うことなんて、誰も相手にしません。きっと従業員は陰でバカにしていることでしょう。

でも、現場を知っている経営者の言うことなら、必ず聞いてくれます。経営者と従業員の熱意が合致してこそ、現場を改善してこそ会社は強くなれるんです。社長の改善意志、その一念発起からスタートしていきます。

Episode 17

四つの勝ちパターンを駆使すれば利益の出る現場に変身できる！

Successful episodes of company management

現場を見るポイント

利益を出せる現場作りのために改善していく上での基本的なポイントとして、弊社では、大きく分けて次の四つを重視しています。

①省エネ・省人化（新技術の導入）
②スピードアップ（効率化）
③従業員の安全・快適さを上げる
④まさかに備える（老朽機械の故障ストップ・不良品を止める）

うちの会社での取り組みを例に、一つずつ説明していきましょう。

①省エネ・省人化（新技術の導入）

今までの製造方法、作業方法の技術面での改善のこと。たとえば、次の七つ。

①水銀灯をLED照明に
②重油をLPGに
③アナログ制御からデジタル制御（タッチパネル操作盤で、リピート品データ化）
④電気リフト
⑤ロボット
⑥自動給油および給水装置
⑦太陽光発電

技術を新しくするといっても、急にすごいパフォーマンスを発揮できるわけではない。一番効果の上がるところから、少しずつ継続的に設備や機械の更新に取り組んでいきます。

②スピードアップ（効率化）

今までよりもっと早く作れるようになるのが重要な改善です。

時間を有効に使う、なども同じこと。技術革新以外にも、たくさんのやり方が考えられます。弊社では、こんな改善がこのパターンに当てはまります。

①材料切断機をパルス機能つきに
②ワイヤーロープをハンドマグネットに
③型すべてを棚置き、サイズ・型番を明示
④一番速い機械に遅い機械のスピードを合わせる／機械の補充またはバッチ生産
⑤多能工育成
⑥バーコードまたはQRコードシステムや書類フォルダソフト導入
⑦回転装置付アタッチメントリフトの開発

大きな設備投資をせずとも、配置換えや動き方のパターンを変えるだけでできる場合もあることに注目してください。

③従業員の安全・快適さを上げる

全国どこの現場にも「安全第一」と標語が貼ってはあるけれど、具体的に行動しなければ安全性は絶対上がらない。私は弟を事故で失っていることもあって、この点を正面から取り組んでいます。

会社にとっては、一人の従業員は、会社にとっても、家族にとってもかけがえのない大事な存在です。何かあっては申し訳ない。従業員の安全第一が経営の根幹に尽きるのです。それでも、安全第一主義の現場からは、利益が自ずと付いてきます。

たとえば、うちの会社は鍛造屋だから、高温で加熱された鉄を相手にしている。もちろん現場はとにかく暑い。そこで、機械の操作は空調完備のボックスの中でできるようにしたり、工場の中に個々用巨大スポットクーラーや、空気を循環させる大きな送風機を導入して熱中症を出さない作業環境作りに努めています。

まとめると、次の三つが該当します。

労働災害防止、安全装置導入

体力的・気力的に快適に過ごせるための環境改善より広義で、従業員の気分が「上がる」ための投資

最後のポイントは、直接生産とは関係しない部分への投資。私はここも大切だと思う。うちの会社の場合は、事務所の3階にある大会議場に健康作りのための業務用トレーニングマシンを置いたり、健康面に気をつかった食事を無償で支給するなどしています。

汗をかき、暑さに耐えながら仕事をするより、涼しい環境でしてもらったほうが作業効率は絶対によくなるし、直接効率を上げないところにも投資することで、モチベーションアップや体力アップにつながります。現場からの提案を反映して、さらなる改善へとつなげていきます。

だらけた気分や疲れやすい体では生産性は上がらない。つまり、お互いにメリットがあるということなのです。

④「まさか」に備える

これは、余裕ができないとできないのですが、万が一の損失は想像を絶します。「まさか」というのは、大雨・洪水とか、地震や火災、広く考えれば停電や断水などを指します。つまり、それらが起きると会社の都合とは関係なしに、仕事が突然できなくなるかもしれない災害。地味に思えるかもしれませんが、現場改善の大切なテーマです。「まさかこんなことが起きるなんて……」と思ったときには時すでに遅し。かっこよく言えば、業務継続計画（ＢＣＰ）です。私はこんなことをやっています。

工場のかさ上げ・防水壁の設置で水害に備える
停電に備えての発電機
各工場に除雪用大型ホイルローダー

などなど。もっとしなければいけないことがあるけれど、予算と時間を考えながら、優先順位をつけて行っています。

Episode
18

従業員より視野を広く、高い視点で、経営者にこそできる改善

Successful episodes of company management

現場で起きたことの全責任を負うのは自分

よく勘違いしている経営者がいます。現場でいろいろなミスや不効率な出来事が起きたとき、「誰のミスだ!?」「誰のせいなんだ！　責任をはっきりしろ！」なんて偉そうなことを言っている人は、ただの責任回避です。

現場で起きていることの責任は、１００パーセント経営者にある

そう、全部自分のせいなのです。

若い不慣れな従業員があたふたしているのも、ベテランがチンタラ作業して手を抜いているのも、手順や打ち合わせにミスがあって時間が台無しになっても、全部経営者のせいです。

責任は自分で取らなければならないし、問題は自分で解決しなければなりません。

従業員は視点が低くて当たり前

トラブルやらムダやら不効率やら、何か問題が現場で起きたとしましょう。従業員に状況と原因を聞いてみる。その従業員は毎日毎日、現場で同じ仕事に当たっている。「どうしてこんなことになった?」「なんでこういうやり方をしていたんだ?」「おかしいと気づかなかったのか?」などと聞いてみると、得てしてこういう答えが返ってくるわけです。

「いえ、こういう風にするものだと、今までずっとやってきたので……」

これに対して、あなたは「バカヤロー!」と怒れるでしょうか? その通りでは? 従業員は、基本的に毎日毎日同じ作業を繰り返している。目の前の仕事に一生懸命であればよく、会社全体、業界全体、日本や世界経済のことなど考えていなくて当たり前です。

決められたやり方に忠実に従い、その通りに何年も仕事を続けている彼らに、根本的な責任があるわけではない。何年か、あるいは何十年か前にそのやり方を決めた当時においては、それが最良の効率的で安全なやり方だったに違いないから。もちろん世界は変化していくし、新たな技術が開発され、もっと効率よく生産できるライバルも現れるから、いつまでも同じやり方が通用するはずはありません。

でも、それを高い視点で観察し、現場に指示する責任は、従業員ではなく経営者にあるはずです。まして、怒ったりするような話ではないのです。

自分の力が足りず、従業員に申し訳ないと思う

私だって、反省の日々です。最新の技術や情報に目を配り、ムダを発見しているつもりでも、まだまだ新しいことがどんどん見つかる。自分の怠慢だと痛感する。すべて自分の責任です。

従業員からアイデアを吸収する方法もあるし、全体的なやり方を変えたり、根本的に仕組みを変えたりする方法などは、経営者の責任であり、経営者にしかできないことでもある。ここをうまくやり切れないと、結局会社の経営は傾き、従業員を気の毒

な目にも遭わせることになってしまう。
私はこう考えています。

経営者である私の失敗で、一生懸命働くみんなに申し訳ないことをしてしまう

常に、そんな思いでいます。表面的には口うるさいおばちゃん社長にしか見えないとしても。

だから私は、会社で起きる失敗の内容を記録に残し、分析しているのです。

とにかく、失敗を、改善し続けることが重要で、そういう姿勢が、激変のコロナ時代を勝ち抜く好機を呼び込むと思っている。私は、失敗・反省・改善の毎日です。

Episode 19

仕事への強い思い入れで、魅力ある現場にする！

Successful episodes of company management

事業が好きだからこそ見えてくるものがある

私は経営者である前に、うちの会社がやっている鍛造という仕事が、心の底から好きなのです。あなたは、自分の仕事を心の底から好きだと感じていますか？

鍛造工の子どもだった私は、小さい頃から、鍛造の現場が原風景のように存在していた。そして、なぜだか不思議と、真っ赤に燃えた鉄が変形していく鍛造の様子をじっと見ているのが好きで、何時間見ていても飽きなかった。

東京時代、母も家事や子育てと並行して工場で事務をしていたから、子どもの頃に後ろにくっついて家から工場に移動する。すると、弟は事務所にいるのに、私は工場の現場を覗いていました。

鍛造って本当に面白い。迫力がある

高温で加熱した鉄をつぶして、穴を空け、延ばし、刻々と違う形にしていく。仕事をしている機械と、人の動きに一定のリズム感があることにも引きつけられた。

ハンマーで赤い鉄を叩く際、決まったパターンがある。トントントントン、正確な秒数で、次々に叩いていく様子は、幼い私の耳に刻まれていて、今でもほぼ正確に思い出すことができる。

今では、大概の工程が機械のボタンを押すだけで作業できるようになり、昔の父が鍛造していたときのような手技は見られないけれど、根本は変わらない。だから不効率も見抜けるし、改善のアイデアも湧いてくる。それは、この仕事が、鍛造が好きだから。じっと、ずっと現場作業を見続けていると、見えてくるものが必ずあります。

現場が好きだから会社を高付加価値にできる

うちの父が、試そうとしてうまくいかず、そのまま蓋をしていた設備がありました。地下を深く掘って、ピットの中に大型装置を入れることで生産性をよくしようとしていたものの、結局うまくいかず、そのままになっていた。

最近、その機械をオーバーホールする際、それをピットの中で改めて眺め、大きな投資をしたにもかかわらず、使えず蓋をしてしまった父の無念さに胸が熱くもなった。

すると急に、私には父がこの機械で何をやろうとしていたのかがわかりました。当時一緒にやっていた従業員はまったくわからなかったそうだけれど、何も聞かされていなかった私がわかるというのも不思議な話です。

でも、その機械を改めて整備して、私がひらめいた通りに作り直してみたら、実際に生産効率が30パーセント上がった！　従業員の作業も大幅にラクになったのです（父が当時見落としていたポイントは「機械の位置」だった）。

こんなことが起きるたび、私は自分が本当に鍛造や改善策を考えることが一番好きだと実感する。そして、だからこそ会社を高付加価値にできたのだとも思うのです。

Episode

20

誰にも負けない情熱と努力、会社の価値が100億円になっていた！

Successful episodes of company management

何も考えていない経営者、大丈夫？（失礼しました、そう見えるだけかもしれません）

私は、よその会社の経営者については、経営者それぞれだと思っています。地域で悪い噂を聞けば少し心配にもなる。うちの会社と取り引きがあって直接迷惑を被れば冗談ではすまされない。残念ではあるけれど、緊張感も目標もなく、変化のない経営を続けて、結果、不良品を出したり、工期遅ればかりの怠慢な人も少なくないんです。そのくせ本人は社長然として、ライオンズだのロータリーだので飛び回っている……。この地域、大丈夫なのかな？ と、心配になります。

どうすればうまく現場改善できるんですか？

今は方法がわからなくとも、発言意欲を持っているだけ、まだマシなのかもしれない。

では、こういう人たちはどうしたらいいのでしょうか？

オーナー経営こそ大転換しやすい！

本気で改善したいなら、自分自身の判断で決められるオーナー経営は必ずしも不利にはならないと思う。

正確にはオーナー家ではないかもしれませんが、トヨタ自動車の豊田章男社長なんて、素敵だと思いませんか？　クルマが好きで、公の場に出てきて、自分の言葉できちんと語ることを恐れていないでしょう？

うちの父は大の旅行嫌いだったのに、技術を知りたいから、わざわざ飛行機に乗ってドイツの同業メーカーをよく見学していました。ヨーロッパで長年続いている名門企業は、技術力の高さもすごいけれど、本当に何百年も、家族経営で継承されている会社があります。そして、経営者一族が本当に社業を愛していて、誇りを持っている。

要するに、ご先祖さまから代々受け継いでいるのは、

お金や土地や設備、社長の肩書きではなくて、会社を経営していくための情熱

なんです。それが本当の財産です。

情熱を原動力にしているから、彼らは必ず日々現場を改善している。だから決して変化に負けたり、つぶれたりはしないのです。

では、まず何をすればいい？

・疑問を感じるまで、現場を眺め続ける（感じないことが最悪）
・生まれた疑問（なぜ）を、従業員にぶつけてみる
・社長面せず、誠実に、耳をダンボにして臨む
・特にムダを探す（時間・人・スペース）

今まで真面目に見たことがないのなら、最初は現場の流れを見ても何も感じないで

しょう。

でも、何も感じないという状況は、絶対的におかしいのです。まともに運営されているなら、儲かっていて当然だから。

まずは、朝から晩まで、最初から最後まで、毎日毎日疑問を感じるまで現場を見続けること。そこで起きていること、手順、人や機械の動き、従業員の表情、空き時間の使い方……いくらでもチェックするポイントが出てくるはずです。

「うちの社長、急に現場に来るようになって気持ち悪いな」と思われても気にしないこと。笑顔でニコニコ、お疲れさまという態度で。

疑問やムダが見つかれば、第一段階はクリア。今度はそれを現場の従業員にぶつけてみる。

「どうしてこういうやり方なんだ」「いつからこの方法でやっているのか?」など、広めの聞き方でかまわない。そしてまた考える。

今まで社業に関心を持ってこなかった社長が急に関心を持ち始めて、あれやこれや見当違いのことを聞き始めると、かえって煙たがられるかもしれない。でも、謙虚で誠実な態度をしっかり守りながら聞いてみてほしい。そうすれば、その道何十年のべテランであろうと語ってくれる。相手は経営者なのですから。

自社の現場では、発想できないならば

今まで適当に経営してきて、現場のことなんて何も知らない経営者だと、いくら個人的に改心しても、従業員に急に話を聞くなんて恐ろしくてできない、という人もいるかもしれません。情けない話ですが、まあわからないわけでもない。

そういう人が心がけたいポイントも確認しておこう。

- ・他社の現場を見学させてもらい、そこで練習する
- ・日本能率協会や日本の経営の神様・一倉定《いちくらさだむ》のCD、書籍などで学ぶ（一倉定の書籍などは日本経営合理化協会が出している）
- ・安易にコンサルタントなどの「外部専門家」に頼らない

最初の一歩としておすすめしたいのは、他社の現場を見学させてもらうこと。

同じ業種ならベターだけれど、難しいならまったく異業種でもいいし、むしろ最初は関係のない業界のほうが気楽かもしれない。明らかに門外漢の見学者なら、多少ピント外れの質問をしても、真面目に答えてくれるでしょう。

ぜひ、地域の知り合いや関係者のコネを使って、適当な理由をつけて頼み込んでみてください。いろいろな現場を観察させてもらい、その場で従業員の方に思いついたことを質問してみるトレーニングを何度も繰り返してみるといい。場数を踏み、現場の感覚をわかった上で自社の現場を見つめ直すと、新たな発見があるはずです。

真面目に改善に取り組む準備ができたら、日本能率協会あるいは、日本経営合理化協会には有名なコースがあるし、現場改善や効率化、ムダ取りなんていうテーマは、真面目な経営者なら誰でも常に懸案になっていることですから、素晴らしい書籍がいくらでも世に出ています。

一方で気をつけたいのは、コンサルタントに代表される外部の「自称専門家」を安易に引き入れないこと。なんだか小難しいカタカナの用語を使って、こうやれば改善できるなんて助言らしきものをして法外な請求をしてくる人はゴマンといます。金融機関でも、会計士や税理士でも同じ。彼らの能力に問題がなくても、彼らは自分の会社に合った視点を持ち得ているかどうか、疑問です。経営者として自信がないから、知識や経験が少ないからといって、門外漢の力を借りて、会社の中を引っかき回されるのは害悪以外の何者でもありません。

ここまでくれば、自社の現場と向き合う準備は十分できているはず。自社の現場がどのような歴史、経緯、そして先人の情熱とアイデアで支えられ、取引先や得意先とどうつながっているのかまで見えてくる。

あとは、責任を持って現場に入り続けてください。時間を忘れるほど現場にいられるようになっているなら、前よりもずっと利益が出る案を思いついているはずです。

改善は一度でできないので、一つひとつ積み上げていくように取り組みます。改善に終わりはないのです。

点滴穿石《てんてきせんせき》。小さな力でも積み重ねれば、強大な力になることのたとえで、利益は小さな積み重ねで大きなものになっていきます。

Episode 21

安全第一をトップイシューとする現場から利益が生まれた！

Successful episodes of company management

私が従業員に謝る理由

私はうちの会社や仕事が大好きですから、チンタラやっていたり、手を抜いたりする従業員がいたら怒ります。真剣勝負だから、それは当たり前のこと。

でも、私の判断が間違っていたことで従業員に迷惑をかけてしまったら、

「私が間違えた。ごめん。迷惑をかけたね」

即刻、決してためらわずに100パーセント謝る。

もっとも、従業員に限らず、誰に対してもそうです。

なぜなら、自分が間違っていたのだから、ごまかしても結局は陰で悪口を言われるだけ。

父が東京で最初に興した会社を乗っ取られたとき、当時の従業員はほとんど毎晩、私たち家族が住む家に押しかけてきた。給料をよこせ……そのおじさんたちが玄関の戸を叩く音や怒鳴り声は、小学生だった私の目や耳に焼きついている。

従業員を侮ってはいけない。

社長は神経が休まらない？

神経休めたいなら、経営者なんてやめないと！

経営者が、神経なんか休めていたら絶対ダメなんです。政治家はさらに。

その最たる例が、安全の確保、事故の防止。災害対策も同じ。神経休めて適当にやって、取り返しのつかない事故を起こしたら？　人の命や人生が台無しになってしまったらどうするのか？　私は弟を社内の事故で失っているから、誰よりもその辛さはわかっているつもりです。

人生も会社も現場も同じ。何が起こるか、どんなリスクがあるかわからない。だから、常に神経を休めてはいけないんです。

そして、思いついたり、気になったりすることがあったら、すぐに手を打つ。あとから「やっぱりあの時点でやっておけばよかったな」なんて反省は効きません。製造業の現場では、常に改善しながら全力で手を打っていると考えていても、今も何が起こるかわかりません。安全に終わりはありません。毎日毎日新しいリスクはないかと考えています。

安全を最優先にする方法

私が口を酸っぱくして現場改善の重要性を説いているのは、すべてがムダ取りのためではありません。むしろ、安全のための対策を「ムダ」と考えるのはとても危険なんです。

改善だ、効率を上げて競争力アップだ、と突っ走っていると、むしろ一生懸命やってくれる従業員ほど、気づかないうちに安全のための手順をはしょり始めてしまいます。ここを見抜いて、しっかり手当てするのも経営者の仕事なのです。

安全に作る・心身の健康を守る　＞　コストカット

これは、絶対守るべき鉄則。何よりも従業員の安全と健康が優先です。そして、安全や健康を守るには必ずコストがかかります。安全や健康を犠牲にしたコストカットは絶対にしてはいけない。仕事はできるけれど、せっかちで勇み足が多い従業員のことは、しっかり見ていて、教育・指導しなければいけません。

安全が第一だから、というのはもちろんその通り。もう少しシビアな言い方をするなら、安全をおろそかにして事故が起きたら？　効率優先でハードワークになりすぎて心身に悪い影響を及ぼしたら？　結局現場は回らなくなるのです。

うちの会社では、従業員が事故に遭わないように、〝数億円の機械が壊れようとも、何かあったら逃げることを優先する〟ことを安全スローガンにしている。安全のために犠牲にしたことの責任を従業員に問うことは絶対にできない。ただ、結果として安全最優先の安心な現場から利益は出てくるものです。

Episode 22

従業員がラクになれば生産効率は大幅アップする！

Successful episodes of company management

機械を入れてどんどん現場を快適に

改善の方向性は、「快適に働ける環境作り」にも向けられる。これも、「少しでもしんどい思いはしないでほしい」という気持ちであるとともに、現実的には、ラクなほうがたくさんの量ができる、という単純な話でもあります。30キロもある材料を毎日手で持ち運びする作業をするより、そこは機械でやったほうがラクで早いに決まっている。ボタンを押すだけだもの。だから、そういう機械にはどんどん投資して、現場を改善していきます。

暑い・寒い・重い・時間がかかる

こういうものは、どんどん見つけて機械に置き換えていきます。

うちの会社には力自慢の若い従業員がいて、重いモノを運ぶ機械を入れたら「自分の見せ場がなくなっちゃった」と笑っていました。それでいいんです。もし、50歳を過ぎれば絶対に同じようには持てないし、無理をすれば腰や肩を壊すだけ。

うちの会社は鍛造屋だから、現場はとにかく暑い。夏なんて、何もしなければ生産性が落ちるに決まっている。

だから、機械の運転席をクーラーボックスにしたり、大きなスポットクーラーを導入したりしています。それぞれ一台で数百万円単位の投資になる。それでも、涼しいと大好評。昔からいる従業員に言わせれば、「ラクでしょうがない」と言うけれど、それがいいんです。

従業員の幸せ・健康を願う

もっと生産に直結しないことも私は積極的に取り組んでいます。こういう意味での快適さ、衛生状態にも惜しまず投資している。

シャワー	多すぎるほどのトイレ設置（現場から近距離に）
食事・食堂	トレーニングルーム

そんなのかえって不効率だと思うでしょう？　私はまったく反対。毎日を過ごす場所が快適になればなるほど気持ちいいと考える。食事はおいしいほうがいいし、トイレはきれいなほうがいい。

キャベツの千切りに、ドレッシングはバージンオリーブオイルを準備して、ご飯の前にキャベツから食べなさいと指導（？）している。ご飯も玄米を準備している。特に独身者は食事が適当になりやすく、偏食を招きやすいから、少しでも健康的な食生活を知ってほしいと思っているんです。もちろん、すべて会社が費用負担。

会社にはトレーニングルームも作りました。休み時間や退勤後に使ってもらって、汗を流してもらえればいい。鍛造屋だからシャワーはもともとついています。

そんな投資、お金になるのかと思われるけれど、私は従業員が会社を自宅のように快適だと感じてほしいし、健康であってほしい。現実的には、従業員が健康なほうが経営者としては効率がいいのです。省人化を常に進めているから、どんどん少数精鋭になっていく。心身を壊されると、本人だけでなく、結局経営者も困ります。

有給休暇も大いに取ってもらっている。省人化をしても、代替の人はいます。有休をしっかり消化できる前提で計算しています。

Episode 23

省人化や省エネのための設備投資は最大80パーセントカバー

Successful episodes of company management

おばちゃん社長はせっかち

私、本当にせっかちです。これは父から受け継いだDNAなのかもしれません。父は旅行なんて行きたがらなかったし、出かけたら出かけたで、すぐ「もう帰りたい」と思う人だった。家族としては興ざめだけど、大人になったら私も同じだった。

私が子どもを連れて音楽会に行ったとき。座る席は必ず出口の近く。駐車場も道路の近くを確保。帰り道のレストランは最短移動時間を想定して予約。演奏が終わるやいなや、人混みに巻き込まれないようにすぐ席を立つ。レストランについたら即注文、相手もせかす。とにかく私は、

> **先手必勝！　早く！　早く‼　早く!!!**

なんです。子どもや一緒に行った友人からは、「音楽会とか食事は、余韻や余裕を楽しむもの」と怒られるけれど、どうしても変えられない。忙しくしていないと落ち着かない。演奏会が後半に入ると、帰る段取りばかり想定している。それどころか、

今このホールで火事が起きたらどう逃げ出すか？　なんて想定もしています。

ムダな動きはどんどんなくし、効率化していく

だからこそ、決断するまでのムダな時間や動きは、どんどん削りにかかる。

その最たる例はペーパーレス化。あの書類どこだっけ？　設計図を見返しに事務所に戻って……なんていうロスは、たとえ数分でもどうしても嫌になる。

だから、すべての書類はペーパーレス化して、会社中どの現場にいても、端末で即座に見られるようにしました。

生産工程の管理もほとんど自動化しました（もちろん機密管理で）。QRコードを導入して入力時のミスをなくし、鍛造の命である温度管理もイギリスからすごい温度計を取り寄せて、温度を自動で読み込めるようにもしました。生産計画書や日報なんかも全部データで作成・管理しています。

まあ、今の世の中、どの会社もこうなんだろうと思っていたら、案外そうでもない。

コロナ禍でハンコ文化や紙の請求書がやり玉に上がるくらいだから、じつは大企業ほ

ど、効率より論議・稟議重視、形式だらけのムダな行為が残っています。

外注業者の人が来て「社長、ここにハンコを……」「お見積書をお持ちいたしましたので……」などと言うわけです。まるで、わざわざ顔を出して偉いでしょ？　とでも言いたげ。冗談じゃないです。

ムダは最低の失礼！　人の時間を奪って‼

私はそう言い返している。だって本当にそうじゃない？　こちらは毎日目を皿のようにして、一手間、一つの挙動を削り、1分をひねり出そうと努力しているのに、平気でそれを邪魔して、さも「直接来るなんて感心でしょう？」みたいな表情なんだから。

世界的な企業と取り引きをしていると、すべてメールです。たとえば、ブラジルの事業所や、ロシアから新規注文書が来たりすることは当たり前。それもシステムで、です。いちいち人は来ないし、電話もかかってきません。超がつくほど効率的。

Episode

24

現場の改善策は社長案を最後まで出さず、従業員案をまず採用！

Successful episodes of company management

「こうしろ」の前に「どう思う？」

私は日々改善をしようと現場を観察していますが、同時に従業員から意見を吸い上げます。私とは視点が違うから、必ず得るものがあるんです。

ところが、少なくとも最初の段階では現場を改善し、効率化しようという考えを持っていない。彼らは経営者ではないから、私みたいに朝から晩まで利益のことを考えてはいない。言われたこと、引き継いだマニュアルを間違いなく実行することを優先するから、意見や知恵はうまく経営者側が吸い上げないといけない。逆にいえば、うまく吸い上げることができれば、どんどんアイデアが湧き出すというわけです。

そのコツは、聞き方。問題を見つけたときは、

×「なんでこんなやり方してるの？　こうやんなさいよ！」
○「なんでこんなやり方をしてるの？　ムダじゃない？」

と、聞くといいのです。

ここには、二つの重要なポイントがある。まず、たとえ頭にきても、急に怒り出してはいけないということ。もう一つは、たとえ問題発見と同時に自分の頭に解決方法が浮かんだとしても、すぐに口に出さず、相手に考えさせ、解決方法を自分で見出すステップを踏んでもらうこと。ずるいんです。

自分で考えたアイデアで動くほうが楽しい

私は問題を発見したら、その現場に関わっている人全員に、順番に聞くことにしています。実際に現場に立つ人、その同僚、上司などなど……「あなたはどう思う？」「あなたはどう思う？」の繰り返し。

機械を扱う業者も同じ。クレームを浴びせるのではなく、

「どうしてこういう問題が起こるんだろう？」

と聞く。

そして、自分の頭の中にある仮説と比較する。よく見ている人、感覚が優れている人もいる。若くまだまだ未熟だと思い込んでいた従業員が、意外にも本質を見抜いていたりもするから面白い。そして、

「じゃあこれ、どうすればいい？」

と問いかける。いろいろ意見が出て、全員が自分のこととして考えます。私ももちろん最後の最後に考えを言って、最終的には最初から私が考えていた解決方法を実践してもらうこともありますが、むしろ私が気づかなかったポイントが浮上することもある。そこはうまく取り込んでしまう。やはりずるい。

こうして作られた改善方法、効率化は、全員に自発的なものとして共有されます。自分の意見も反映されているから、そのほうが従業員は楽しく生き生き働けます。

この点、私は父とは明確に違うやり方をしている。父は天才だから、自分で思いついたら「こうやるんだ！」と言うだけでしたが、私はたとえ正解がわかっていても、自分からはすぐ言わない。従業員が解決できなかった場合のみ、私の対策を出します。

このやり方を貫いていると、やがて従業員もどんどん改善提案を出してくるようになります。ムダな動作が減り、手待ち時間が短縮され、現場の整理整頓も進みます。

従業員に説明し、説得して丸ごと巻き込む

経営者がいざ心を入れ替えて現場を改善しようという場合、実績がないから、現場からは煙たがられることもあると思います。まあ、今までサボっていたのなら仕方ない。

私自身は決してサボっていたことはありませんが、父から経営を引き継いた直後は、現場との少なからぬ温度差を感じました。社長が代わっても、従業員の固定観念はそのままです。まして父を追い出した形になったわけだから、表向き私の言うことを聞いてくれても、内心は信じていないし、私が意見を言えば抵抗ばかり。

そこから、私の対策案の成功が続き、結果を出してからは、従業員との信頼関係が強固なものになりました。

私が指示する内容、仕切ることを信じてもらうためのポイントは、

従業員にしっかり失敗させること

だったりする。効率なんて言っておきながらムダな遠回りに思えるかもしれませんが、こればかりは実体験してもらうよりほかありません。

手順はこうなる。

私が問題を指摘する。固定観念の強い従業員は、「今まで通りで問題はない」「それをしても今度はこんなダメなことが起こる」と言って譲らない。そこで私は、会社として目指すべき成果と、それを実現するための方法を提案する。しかし従業員は聞かない。

ここでキレてはいけません。もちろん、従来のやり方では達成できない。従業員は不満げに、そもそもそんな方法自体がムダなのだ、と言い出す。

ここで初めて、経営者として具体的なやり方を提示します。今までの方法でうまくいかない理由を説明しながら、どこをどう変えてほしいか丁寧に解説する。そして、実際にやってもらうのです。結局本人たちがすごくラクになる。

ここまでくれば、私がわざわざ「そら見たことか」とダメ押ししなくても、彼らは現実を目の前にして納得せざるを得えません。

この連続で、やっと社長の言うことを聞いてくれるようになります。

だから、問題を正しく指摘し、目標を達成するための手段をただ知っているだけではダメで、噛み砕くように浸透させなければいけないということ。


やってみせ、言って聞かせて、させてみせ、「褒《ほ》めてやらねば」、人は動かじ

と言ったのは山本五十六《いそろく》だそうですが、私は「ラクにならねば」人は動かじをモットーにしています。本当にその通りなんです。表向き「わかりました」って言っているうちはまだ甘い。「実際にしてみたら、社長の言う通りだった」と、頭と体で納得して初めて、私の言うことを信じてくれるようになるんです。

Episode 25

従業員の能力は筆記試験や面接では判断できない。素直な正直者が一番伸びる!

Successful episodes of company management

正直で素直な従業員が伸びる

こういう関係ができあがると、従業員からもどんどん改善提案が自然に出てくるようになる。誰だって自分のしている仕事の問題点を解決したい。励みになる。

ただし、経営者は次の点にも気を配る必要があると思います。

正解のほうが、不正解よりもいいに決まっています。どうしても正解を素早くたくさん出せる人もいる一方で、なかなか正解を出せない人もいます。

でも、それ以上に、気をつけなければならないのは、頭がいいくせに素直になれない人、うそつきを見分けなければいけません。

> **私はバカ正直な人が一番好き**
> **うそつきは大嫌い！**
> **言い訳するな！　聞きたくない‼**

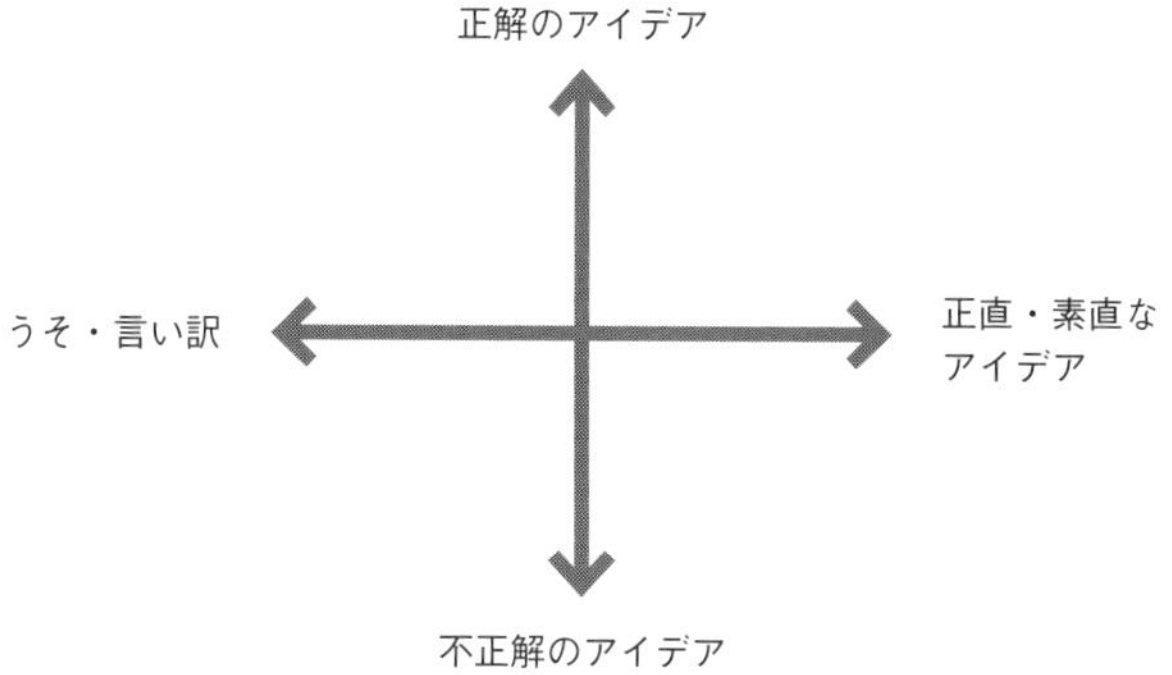

そうなんです。正直に、素直に仕事をする人をいつでも信じている。うそをつく人、言い訳ばかりの人は徹底的に責める。

最高の従業員は、素直で正直で、地頭のいい人です。どんどん吸収して成長してくれるし、私も必ずその者の意見を聞く。そしてほかの従業員にも言うんです。「私はポイントで必ず彼の意見を聞くだろう？　なぜだと思う？」って。これが最高の褒め言葉。

中途入社従業員とのコミュニケーション

うちにはいろいろな従業員がいます。高校を卒業したばかりの新人もいるし、何十年も一緒に働いてくれているベテランもいる。大手企業から転職してきた人も、親会社から来ている人もいます。

こういう、年齢も経歴も違う人たちとコミュニケーションするには、多少気も遣う。たとえば、大手から来た人。こちらも経験と知見に期待している。ところが、本人は大会社で立派にやってきたと考えていても、うちのような中小企業から見た場合、形式的だったり、会議やら資料作りばかりしてきて、仕事のための仕事というか、正直ムダな動きが多かったりする。偉そうですが。

「それ、大手だと意味あったかもしれないけど、うちではムダです」

立派なキャリアをお持ちだからこそ、私ははっきり言ってしまう。

肩書きとか、会議の雰囲気とか、立派な資料とか、そういうのはいりません。よいモノを早く安く作る、その実行がすべてだから。

若い従業員をどう採用し、育てる?

うちは新入社員を採用する場合、工業高校新卒の人が中心です。コロナ禍の前までは、なかなか地方の中小企業、しかも工場の生産職に応募してくれる人は少なかった。若い人は都会に、東京に、名のある大手に行きたいって考えるでしょう。よくわかります。

正直にいって、私には若い人を見る目はあまりない。面接でよさそうだと思った人が入社したら全然ダメだったり、面接では派手な不良少年そのものだったのに、現場に入れたら大好評だったり……。こればかりは使ってみないとわからないです。

そこで得た結論は、

来る者拒まず、去る者追わず

です。

一応やりたい仕事は聞いて、できるだけ希望通りにしてみるけれど、いい意味でも悪い意味でも、本当に予想通りにはならない。だったら、最低限必要な学力を持っていて、明らかに意欲がなさそうな態度でもない限り、いったん採用してしまうのです。

それから、社風に合った教育を始めます。

若い従業員ほど、見かけではわからない

今、うちの若手で一番結果を出している従業員。入社当時の私が持った印象は「チャラ男・両耳ピアス。大丈夫かな？」だった。自分の名前すら字が汚いような青年。

ところが今、大変な集中力、ひらめきのよさ、責任感の強さを発揮してくれている。待ち時間があれば、自分の作った製品を測定して検証するような責任感を持った人間になった。そのうち、長年の懸案だったある問題をブレークスルーしてくれた。

反対に、よさそうだと思っていたのに、怠けて居眠りしたりする者もいる。当然怒るけれど、よく見てみると、うちの会社の仕事と合わない、うちの現場が自分に向かないと考えているようだった。そのうち、辞表を持ってきてくれる。

私の口が悪いのかもしれないけれど、結局合わなければ辞めていくのです。私がいくら励ましても、指導しても、給料を上げてもムダ。よその、もっと彼らに合っている職場に行けば、きっとうまくいくんだろう。

結局、事前にはわからないんです。結論としていえるのは、

新入社員は、とりあえず2～3年は自由にやらせてみる

ということ。その間は大きな成果を出すことを期待はしないし、多少のミスや遅刻は目をつぶり、よくよく観察する。そのくらいの余裕は経営者として持っていたい。

安全教育だけはしますよ。

その代わり、若い人にはこうも言っています。

安全第一！

安全第一の作業さえ身につけてくれればOKです。そのうち、そんな先輩や上司の姿を見て、自分にできることを探す若い従業員は、見込みありです。

Episode 26

妥協なき準備の徹底が、利益の源泉！

Successful episodes of company management

省人化とスピードアップは両立できる

少し自慢します、今うちの会社は、最も社員が多かった時期に比べて、

> **現場従業員数は3分の1**
> **生産スピードは20倍**

になっています。ものすごくコストが下がり、劇的に効率化できている。もちろん会社は高く評価される。

何も考えてこなかった会社なら、どこであろうと、少なくとも従業員は今より減らせるし、スピードは倍増ぐらいできます。両立可能。

反対に、世の中の経営者はなんで取り組まないのか不思議で仕方ない。自分の会社の中に「宝の山」「利益の泉」が隠れているというのに……。

準備のための準備。準備することを明確にしておく

スピード生産のために大切なのは、準備です。考えてみれば当たり前の話で、前もって準備していたほうが何事もスムーズに進みます。

ただ、これも従業員が自発的に気づいて勝手にやってくれるわけではありません。経営者が気づいて、何を準備するかを具体的に明確にしておかなければならないのです。

省人化は、クビ切りではないし、急に機械を購入してもできません。まずは、どこにムダな人員、手持ち無沙汰の人がいるのか、どの現場のどの工程でアイドルタイムがあるのかを把握することから始まるのです。いわば、準備のために何が必要かを考えるだけ。事前に揃えることが本当の準備です。

> 今日一日の仕事内容・その人員配置・時間割はできていますか?
> 今日一日の材料は正しくすべて揃っていますか?
> 今日一日の仕事量（生産目標）は決まっていますか?

今日一日、機械が故障しないように整備されていますか？
今日一日の使う道具・治具《じぐ》はすべて適切なモノが揃っていますか？

こういう、現場改善の準備のための準備が何かを明確にしておくこと。それを、全従業員が毎日毎日、怠りなくできるようにするのが、社長の仕事です。

従業員を効率よく動かすための準備

ムダだったり、効率が悪かったり、しなくてもいい仕事をさせ続けて、残業して低賃金の従業員のほうがよほど気の毒です。誰も得しない。

効率よく現場を動かして、最小限の時間で最大限の生産量を上げるには、しなくてはならない準備がある。大きく分けて、

やるべき内容、進行状況を「見える化」しておく
機械の整備のための時間を作っておく（機械故障ストップは最悪の不効率）

どこまで準備できるかが、勝負！

ということ。

うちの会社では、1カ月単位の中で1週間を区切って生産計画を立てている。これをどう効率化しているかというと、生産会議を基本的に週1回のみにし、そこで作業の割り振りをすべて決めます。ただ、生産計画の微調整は毎日行います。

ということは、すべての従業員がその時点から2週間後まで、どの日に何をするかを把握できる。そして、各現場、各従業員で翌日何をするか、数日前の段階でペーパーが回るようになっていて、翌日は、確認だけしてすぐスタートできるように準備ができている。

機械のメンテナンスも同じ。省人化が進んでいると、機械が止まったとき最大の不効率が起きてしまうから、前日の終わりに、材料・治具出し、掃除や整理整頓を30分以内で、1週間に1日以上のメンテナンスの時間として空けて、リスクを最小限にするようにしている。

もし、この時点で就業時間を過ぎていても、現場の従業員には前払い残業手当を月

21時間支払っているため、前日に終わらせることができる。今日はここまで、続きは明日、というやり方だと、結局、翌日の作業時間が削られ、思わぬトラブルも発生しやすくなり、生産計画そのものがおかしくなってしまうことが多い。

さらに、コロナ禍をきっかけに会議そのものも、ビジネスチャットでほとんどすませるようになりました。うちの会社は24時間稼働しているからむしろそのほうが都合がいい。各工場の現場、営業、事務などの連絡、人や部材の動き、日程の調整など、ほとんどのケースでもはや一堂に会して会議をすることもありません。

Episode 27

〝働く〟原動力は結局お金。改善効果の3分の1は給与アップに回す！

Successful episodes of company management

儲かっているからこそ、給料を高くする

うちの自社株が100億円で売れたくらいですから、当然儲かっています。儲かっているからこそ、あるいは儲けるための秘訣として、給料は、同じ地域、同じ業種の水準よりも、かなり高い。

大卒の兄は地元の農協、高卒の弟はうちの従業員という兄弟がいる。同じ年に入社したが、弟の給料のほうが多かった。当然そういう話は地元にも知れ渡っている。税務署や労働基準監督署の人たちが来て、うちの給与水準を知ると、みんなびっくりします。

結果を出している会社として、結果を出している従業員には、大手以上の給料を払います。私はそれが当然だと思います。

なぜそうするのか？　話は単純、簡単です。

> 人はお金のために働く
> 生活に余裕があってこそ安心して働ける

というだけのこと。きれいごとを言っても、これは不変の真理でしょう？
やりがいがある仕事、大切です。素敵だと思う。では、やりがいはあるから給料は我慢してくれと言われて、モチベーション上がる人がいますか？　という話です。それって、ただの搾取じゃないですか。

先ほど、残業してでもトラブルを防止する、と述べました。それが成立するのは、ここで踏ん張ってしっかり準備して、翌日フルで働けるようにしておくことこそが、高い給料をもらっていることの従業員としてのプライドだと思ってくれているからです。

生返事してチンタラやって、ネガティブな気持ちでいるのは、報われていない証拠。私は会社が儲かっているなら、十分に、あるいはそれ以上に還元したいし、そのメリットをわかっているつもり。愛社精神を持てなんて言わない。みんなで金のために働こう、どんどん改善していこう、でいいんです。それが一番効率いいし、そんな会社が好きらしい。それは結局、愛社精神ではないでしょうか？

地元では、「平鍛造って過酷らしい」なんて噂も……。社長の私も口が悪いし……。でも、うちの従業員はみんな「ラクだ、ラクだ」と言うばかり。まあ、やる気のある人が残ってくれて、合わない人が辞めていくからなのかもしれませんが。

昇級額は自分で申請する

コロナ禍で生産が減る中、私は2020年、こう言い放ったんです。

自分がチャレンジしたいか、そしてそれに挑戦するから、いくら給料を上げてほしいか、自分で申請する!

コロナ禍で景気が悪くなり、お取引先からの注文もどうなるかわからない中で、新規の注文を取りたかった。うちの会社としての存続には問題なくても、世の中暗い話ばかりでたまらなかったから始めたこと。

自分でチャレンジしたいことを自分で考えてもらって、それに見合う昇級幅を自分で決めるって、ちょっと刺激になるでしょう? フル生産のときにはそんなこと考える余裕はないから、むしろコロナ禍を逆手に取りました。このときこそ、さらなる多能工育成です。

忙しい時期、つまり会社がうまく回っている時期に、従業員に配置換えや、新しい知識・技能の取得を言い渡すと、本人に、負担や無理がかかる。「自分にはそんなことできません」という感じ。今だから、仕事がないときだから、ほかの仕事にも挑戦しないと仕事がなくなる危機感をあおることで自分の殻を破ってもらい、チャレンジが評価されれば給料も上がるという仕掛け。

実際に名乗り出た人は非常に前向きで、一生懸命頑張ってくれています。鍛造工が旋盤まで使えるようになっています。基本給は月額3万円アップ。当然、ボーナスも連動する。なかなか今のご時世、月の基本給が急に上がることなんてありません。

従業員に刺激を与えて、報いて、どんどん現場が改善されれば安いもの。お互いウィン・ウィンです。

多能工を育成して、ラインの負荷を解消する。注文が集中したときにも他ラインの多能工がすばやく生産支援をすれば、残業なく納品が可能になる。人も増やさず対応することができます。リーマン・ショック後に一度実施し、同じ従業員で3倍の仕事をこなせる会社にした、コロナ禍でのさらなるバージョンアップです。

第4章

ノートと生活習慣――

手書きで心を逆転反転！

Episode 28

プライベートも仕事も一冊のノートに書き込めば人生が変わる!

Successful episodes of company management

いつもしっかり考えておかないと、後手に回って負けそうな気がする

この章では、いろいろと自分の頭で考え始め、行動し始めた人が三日坊主にならないためのヒントになればと思い、私が実践している生活習慣を述べていくことにします。

目の回るような忙しさの中で、どうやってミスを減らし、確実に、抜かりなく仕事を実行していくか。大切なのは、最もやらなければならない重い仕事を後回しにしないことです。私にとっては、こうあるべし、というよりも、こうでもしないとやっていられないということでもあります。

やらなければいけないことは山積みです。現場を歩いて改善を考える。新しい販売先、営業先を探る。財務をチェックし、現金を確認する。人材の使い方をチェックし、人事を考え、適切な給料の水準を考える。次の出張の日程、お客さまのお迎え、英語の勉強……あれもこれも、まだまだいろいろある。

目の前の仕事だけではない。長年の懸案、中長期的な挑戦も当然考えています。毎

日忙しい中でも、考え続け、頭の中を整理整頓し、それを具体的に、できる方法まで考えておかねばならない。悩みに悩んで、決断をしなければならないとき、責任を持って決めるのは自分だけ。

ですから、毎日のノートで頭の中を整理整頓していると、大量にタスクがあっても、難しい課題があっても、常に最高のパフォーマンスができます。重要なことを後回しにする社長は、世の中、案外多い。同業者にも、何にも負けるような気がしません。

そして、私もまた一人の人間です。ニュースを見たり、本や雑誌、テレビから刺激を受けたりもする。ご飯も食べれば掃除もするし、足りないモノがあれば買い物に行かなきゃならない。

こういう行動をムダなく、ストレス少なく、そして質を高く継続していくには、生活習慣を見直してこそパフォーマンスが上がるということです。スポーツ選手なら、必ずするべきルーティンを欠かさないでしょう？　それと同じこと。

私の生活習慣を紹介する際、まず大切なアイテムが「ノート」。

そして、もう一つ、いざというとき、判断の最後の最後で頼っているのが『易経』という中国の古典です。これは、この章の最後で解説しましょう。

ノートは困ったときの命綱

私、朝2時に出社すると述べました。で、朝2時に出社してまずすることは、ノートの確認です。

もっとも、ノートは起きてから寝るまで、常に気になれば見直し書き込んでいます。

仕事のアイデアを思いつけばノートに書く。

会社の資料や出張のスケジュールなどをプリントアウトしてノートに貼る。

月末の現金残高明細、モチベーションアップのためのアイコンを切り抜いて貼る。

個人的な用事を忘れないようにノートに書く。

新聞や雑誌、本などでいい言葉を知ったら感想とともにノートに書く。

1年の目標、目指すべきことをノートに書く。

つまり、

私の頭の中すべてを、ノートに書いておく

というスタイルを、ずっと30余年続けているんです。

ノートは、文字通りただのノート。普通の大学ノートです。

このノート活用法を、私は強くみなさんにおすすめしたいと思っている。どんなに忙しくても、ノートを書くことで、まるでコンピューターにプログラムを入力するような感覚、自動的に、間違いなく決めたことを進められるんです。

この章は、経営者である私の生活における習慣と考え方を述べるわけですが、その ど真ん中でいつも私を支えてくれているのがノートなんです。とはいっても、当然自分で書くのですが。

不思議なのは、自分で作っているノートがあるおかげで、予定を思い出し、ムダなく、抜け落ちなく仕事や生活ができるだけではなく、困ったとき、悩んだとき、気持ちが沈んだときに、ずいぶん助けられることがあるんです。自分で自分を助けているという感覚でしょうか？　もし今、手元のノートを紛失したら、一番焦るかもしれない。そのくらい重要なものになっています。

私のノートの書き方

私のやり方をひと通り述べます。この通りやる必要はなく、うまく参考にしてもらえればいいけれど、ノート歴30年の私が試行錯誤して15年前くらいにたどり着いたスタイルではあります。もともとは、京セラ創業者の稲盛和夫さんの著書『成功への情熱』に書かれていたやり方に刺激を受けて始めたこと。

準備するものは、大学ノートと4色ボールペンだけ。ただし、プリントアウトなどの紙を貼りつけることもあります。

ノートに書き込む際の大原則は、次の七つ。

①思いついたことは、公私の区別をしないで、とにかくすべてノートに書く
②項目は色と書き方で分ける。4色ボールペン使用
③書く順序は、1日単位「時系列」のみ。内容でノートの種類は分けず、どんどん書き込む
④内容を常に読み返し、解決策を考えついたらそれも書き込む

⑤解決した項目、終わった項目は線で消す
⑥一日の終わりに翌日するべきことを書き上げ、翌朝それに従って1日をスタート
⑦ほかのメモやスケジュールは一切使用せず、ノートに集約。手帳もパソコンも使わない

つまり、「会社で働く私」と「一個人としての私」は区別しないし、仕事に関することでも、財務、生産、営業、人事……などのジャンルも区別しない。昔はそうしていたけれど、かえって複雑になってしまいやめました。

ひたすら仕事の優先順位で時間順、つまり思いついた順番、起きた順番のまま、書き足していきます。そして、このノート以外は何も使わない。

私のノートはこうなっている

具体的に私のノートがどのような構成になっているか、実際にお示ししましょう。
仮に、今日の数日前のノートだと思ってほしい。

◎基本は一日1見開きだが、長くなってもかまわない
◎前日の夜にノートに「今日やること」をまとめ、翌朝スタート
◎以降、記録したいことを順に書き込む。どんどんつけ足す
◎ジャンルはごちゃ混ぜでOK。仕事もプライベートも区別しない
◎単なるメモ、仕事のアイデアだけでなく、目標、感想や思い、自分への叱咤《しった》など
も併せてどんどん記入
◎解決ずみ、終わった項目は一重線で消す。できなかったことは残る。明日に延期
したことは、次の日に書けば二重線で消す。つまり、二重線は今日できず、後日
に回した印。または、必要なくなったこと
◎数カ月単位、年単位などの目標、課題などは、適宜新しく書き直す
◎何度も見返して、終えていない項目を確認する
◎モチベーションをアップするため、そのときに尊敬する人、素敵な人をネット検
索し、プリントアウトし切り取り、アイコンとして貼る。今はエリザベス2世(こ
んなに柔軟性のある国家元首、しかも史上最長、最強の英国君主)、桐島かれん(自
然体)

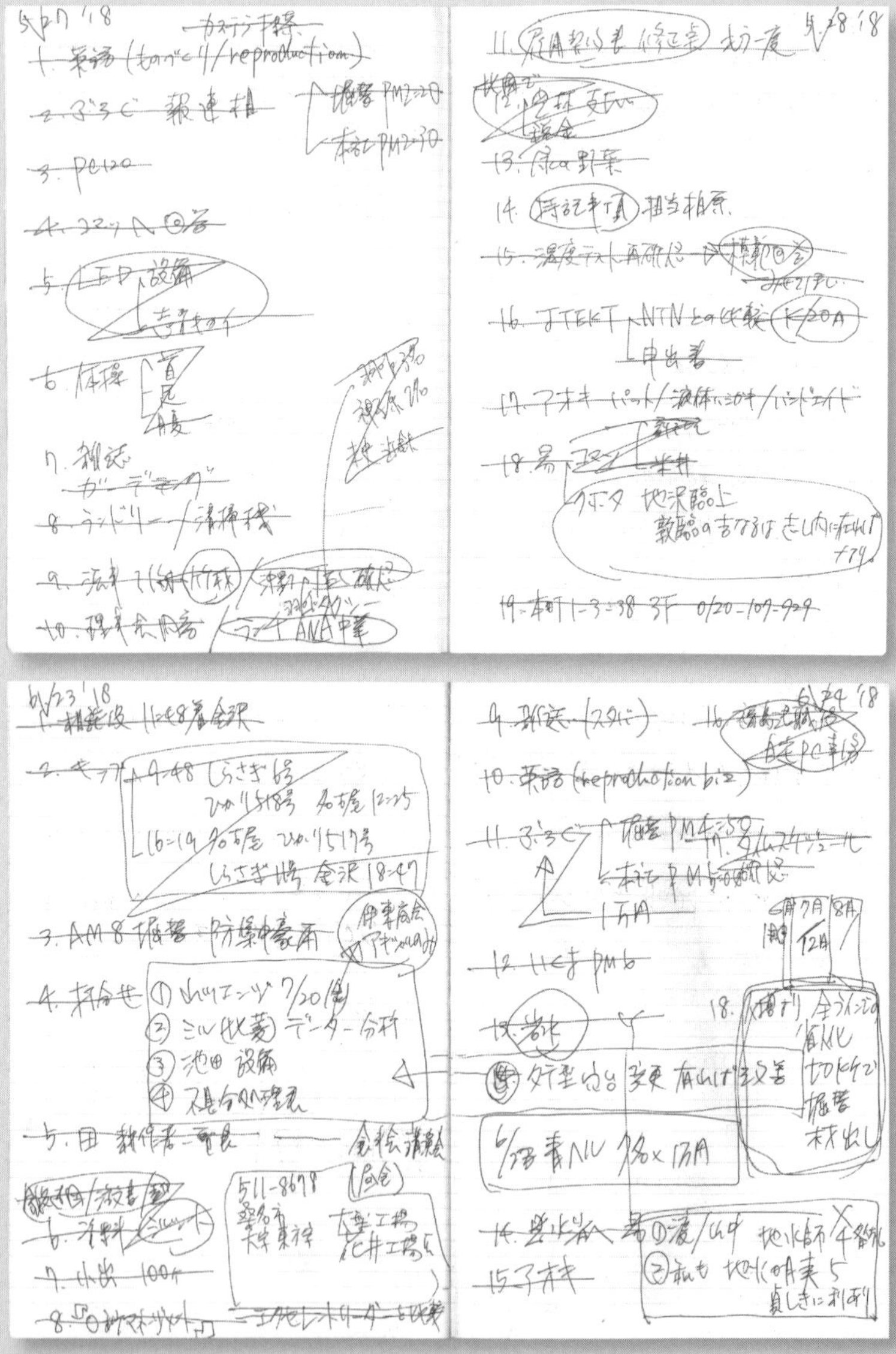

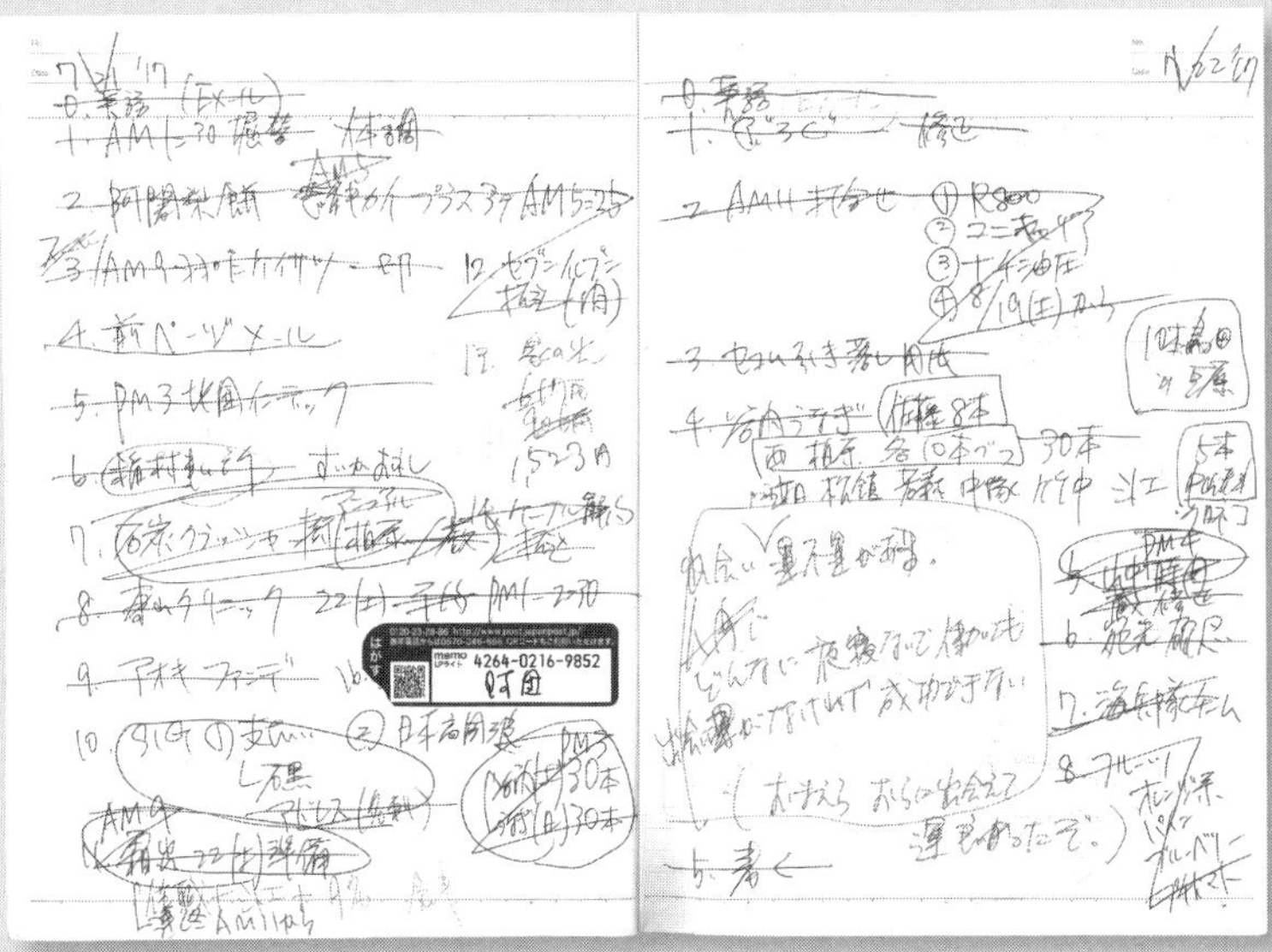

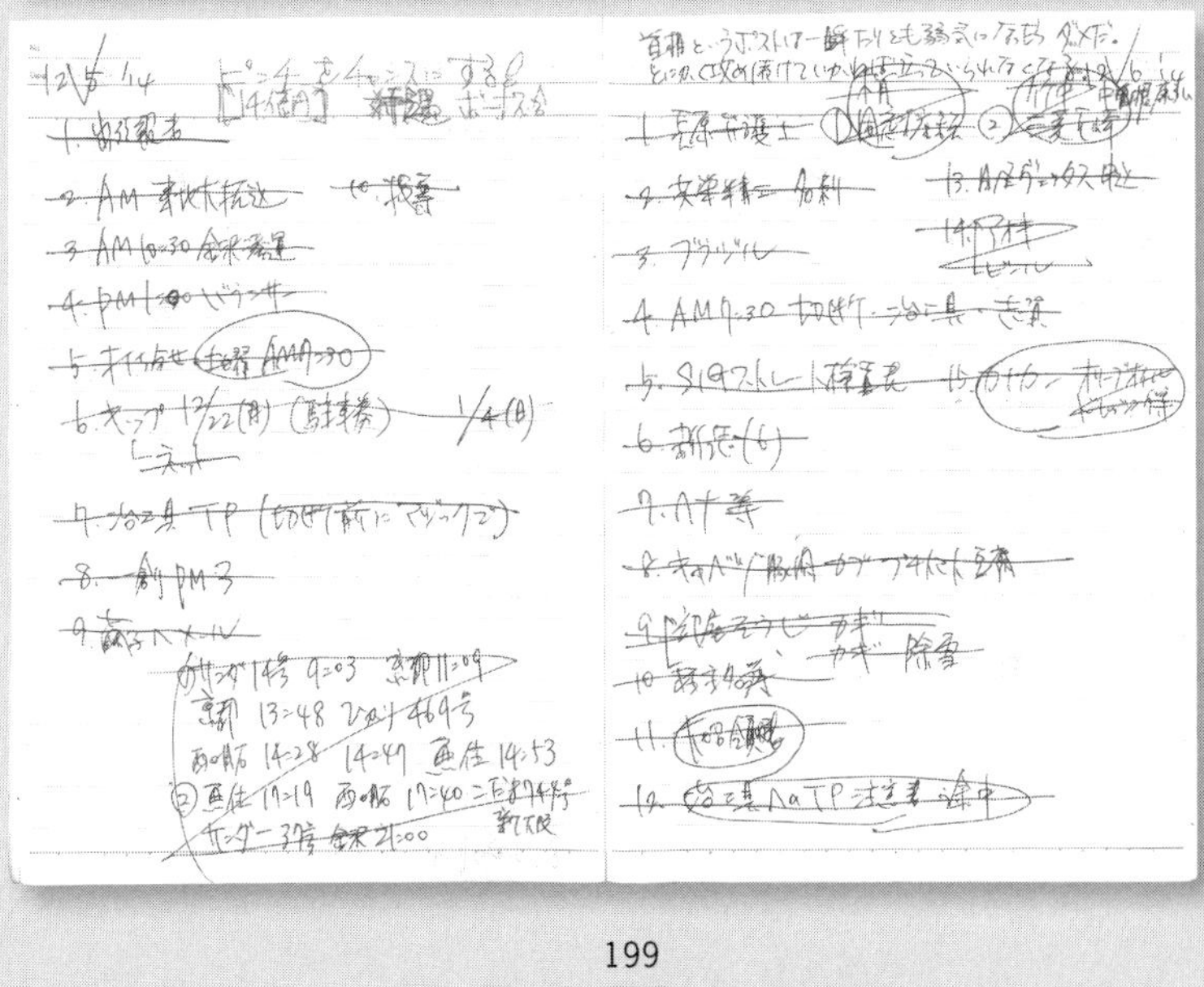

Episode 29

ノートに〝手書き〟。不思議に、頭の中も整理される！

Successful episodes of company management

できるだけ具体的に原因・対策案まで掘り下げて書く

ノートは、メモや備忘録として使うこともちろんありますが、同時に私がおすすめしたいのは、自分の見解、観察だけでなく、より個人的な考え、思い、自分への励ましや叱咤などの感情も、私のどこが悪くてこんなことになっているかなど、できるだけ具体的に書き残すこと。

「私に何か悪いところがある。だからこんなことになる!」「何やってんだ私は!」
「器が小さいぞ!」「よくやった!!」

みたいな、むき出しの感情を、ありのまま書き残す。すると、少し時間を置けば、あるいは書いた瞬間から、自分で分析できるようになるというわけ。「こんな悪いことがどうして続くの?」「なぜ失敗したのか?」「あのときどうしてうまくいったのか?」……などなど。その分析もまた、書き留めておく。

自分の感情は、自分で記録しない限りそのまま忘れ去られる。腹が立った原因は結局自分の器の小ささかもしれないし、うまくいったのはただのラッキーだったかもしれないでしょう？　記録に残すと思考が深まる。漠然とやり過ごしたらもったいない。

ノートを分析することによって、必ず解決しておくことが経営者としての精神衛生上、最も効果的。分析することで、次の日をすっきりした気持ちで迎えることができます。

仕事とプライベートを区別しない理由

なぜ仕事とプライベートを区別しないのか。答えはけっこうシンプルです。

真面目な言い方をするなら、結局仕事をするのもプライベートを生きるのも私という一人の人間だから、どちらも失敗すれば困るし面倒、うまくいけば気持ちいいわけです。

だから、30億円の預金をどう動かすか？　と、３００円の美容液をドラッグストアで買い忘れないようにするメモは時系列です。人事をどうするかのアイデアとジョギングの話も区別しない。どちらも私だからです。分ける必要ありますか？

もっと実際の話をいうと、忙しいからこそノートを取っているのだから、できるだけやり方はシンプルなほうがいいし、一冊にまとめたほうがわかりやすいんです。仕事用はノート、プライベート用は別の手帳なんて分けると面倒くさいだけ。しかも紛失するリスクは倍になってしまう。

ジャンル・状況は「色」と「書き方」で区別

一冊にまとめる代わり、あとで見返すとき、内容がパッと見えてこないことがあります。そこで工夫しているのが、書き込むときの色の使い方、そして目立たせ方です。

私はノートとセットで4色ボールペンを愛用しています。

黒＝通常の内容
赤＝特別に注意すべきこと
青＝誰かが来社する予定

緑＝自分が出かける予定

といった具合に使っています。これは各自好みで変えていい。
同時に、書き方も内容によって分けています。

大きく書く＝特別目立たせたい重要な内容
○で囲む＝相手に依頼したままで返事待ちの内容
抹消線（一重線）＝その日に解決した印
抹消線（二重線）＝その日にできず、後日に実行した印。またはやらなくてもよくなったこと

といった使い方をしている。こうしておけば重要な内容を取りこぼすこともないし、あとから振り返るとき、終わった内容に目を奪われなくてすみます。
もっとも、大切な内容はつい力が入るから字が大きくなってしまいがち。それを利用すればいいということ。

ノートだけは電子化しない理由

ノートのいいところは、紙をどんどん貼りつけられること。私は大切な用紙、メモ、予定表などは、別々に保管せず、できるだけノートに貼ることにしています。

出張の予定表も貼れば、読んでいて気になった新聞や雑誌の記事、インタビューなども貼ります。導入検討中の設備の見積書や月末の当座預金の残高もコピーして貼るし、お寺でいただいた御朱印も貼ります。これもまた、公私の区別はしないんです。

ここでちょっと不思議に思う人がいるかもしれません。さっきまで現場改善だ、電子化だ、ペーパーレスだと言っていたのにおかしいじゃないか、と。

でも私は、自分にしか関係しないノートだけは、手で作業し、文字を書くことを大切にしています。

実際、個人の予定管理でも、スマホやタブレット、パソコンを使いこなしている人もいる。私も使えないわけじゃないし、従業員と共有する内容は実際データにしていいます。それでも、

書くと記憶に強く残る
書くと頭が整理整頓できる
開きたいときの時間は、ぱっと開けてスマホより迅速

という、捨てがたいメリットがあると思うのです。

俳優がせりふを覚えるときにノートに書く、と聞いたことがあるけれど、すごく納得できる。考えてみれば、英語を覚えるとき、聞いた内容を書き取る、というやり方（ディクテーション）もすごく有効じゃないですか？　これって、実際書くことで手の感覚があるだけでなく、特徴ある文字を視覚で捉えることで頭を強く使うからだと思うのです。パソコンやスマホで打つとフォントに特徴がないために忘れてしまいやすい。

さらに加えると、なんでも電子化するのは怖い。会社の記録はバックアップがありますが、自分の記録をすべてスマホに集約していて、出先で落としたり、水没したりしたら？　考えるだけでも恐ろしい！　カードを使いながら家に現金を置いておくのと同じ理由で、私は自分の命綱であるノートは電子化しません。

Episode

30

書けば書くほどあるべき自分の姿が見えてくる！

Successful episodes of company management

ノートが今の私を作った

本を読んで刺激を受けることは多いですが、本は基本的に他人が書いたもの。反対に、ノートを見返すのって、自分で書いた内容を自分で読むことになる。

これがいいんです。

自分で自分を成長させられる

これですよ。少しおかしな話かもしれませんが。

すごく悩んでいること、反省すべきこと、必ず解決したいこと、絶対達成したい目標なんかがあれば、とにかくノートに書く。取り組まなければならない課題、気がかりなこと、新しいアイデアもどんどん書く。

矢印を使ってノートで解決した段階も書いておくと、絶対にあと戻りしません。

何かあったら必ずノートを開き、ノート上で解決しておく

ことにしているんです。一つ考えたらノートに書く。一つクリアしたらノートに残す。時間が少し空けばノートを見返す。予定がわからなくなったらノートを確認。いいことがあったらノート、不安になったらノート、寝る前にノート、仕事を始める前にノート……とにかくノートがないとダメ。ノートのおかげで密度濃く、効率よく仕事ができているし、反対にノートがないと、不安を感じてしまう。

ヒマな人にノート（予定表）は向かない

ノートを何度か習慣づけようとしたけれど、続かなかったという人がいるでしょう。よくわかります。なぜなら、自分もそうでした。

> ヒマな時期と、ヒマな人にはノートは向かない
> 忙しいからこそノートが役立つ

んです。

私、昔からノートの活用には憧れがあったし、勉強自体は好きでした。子どもが小さくて主婦をしていた頃、時間に余裕があった。税理士や英語の勉強をしたいと思って、ノートに書いていたものの、全然続かなかった。

きれいに書こう、いろいろジャンルを分けて書こう……なんて工夫しているつもりでも、うまくいかない。きれいなノートを作るための時間になって、面倒になってしまう。

ところが、会社に復帰して忙しくなると、もう圧倒的に時間が足りません。どんどん新しいことが起こるし、処理しなければいけないとわかっていても、突発事態が重なれば記憶から消し飛んでしまうこともあります。やがて何がどこまで進んだのか、それはいつだったか、何が解決されて何がペンディングなのか、訳がわからなくなってくる。頭で記憶できる限界を超えてしまうのです。

ノートを活用するようになった決定的な理由は、多忙の中で、子どもの幼稚園バスのお迎えを忘れてしまい、しかもその事実に気づくまでに2時間もかかってしまったことでした。携帯電話もない時代、幸いにも子どもはほかのお母さんのおかげで事なきを得ましたが、万が一のことを想像したら心底ぞっとしました。人間、限界がくれば重要な内容も簡単に忘れ、しかも忘れている事実にも気づかないのです。

常に何か忘れているのではないかと、不安が募ってくると、とにかくミスをしないように、忘れないようにメモを使うしかなくなる。使い方も変に凝ったりせず、シンプルなものに落ち着く。

だから、ノートに頼るようになりました。忘れないし、どんどん処理できるようになる。

私が体感としていえるのは、忙しい人ほどノートを活用したほうがいいし、ノートを使うほど忙しくないのであれば、どうしてやることがないのか？　会社には問題がないのか？　自分はこのままでいいのか？　などと書いてみたらどうでしょう。

自分の記録、日記代わりにもなる

こうして作っていくノートは、当然というか、日記にもなるわけです。時系列ですから。

日記をつけていた経験がある人なら、自分だけが経験した内容、以前感じた感覚が、日記によって思い起こされ、現在の自分を刺激することがあったと思う。

これを私は最大限利用しています。

毎晩、翌日するべき内容を整理して、翌日になったら見て、その日をスタートする。要するに最近していること、最近処理している仕事の「棚卸し」です。

同じことは、3カ月とか、1年の単位でもできます。お正月に立てた目標は、当然ノートに大きく書くことになります。それを定期的に見返すことで、目標に向かって今何をしているのか、達成のためさらに何をすべきかが明確になる。

私は年の終わりに従業員に今年の反省と来年の目標を書いてもらい、コメントをつけて返しているけれど、自分に関してはノートで自動的にやっているというわけです。こういう、思考と検証の繰り返しこそ、日記やノートが持つ、昨日より今日の自分をよりよくしようとする重要アイテムなんだと思います。

今年は何を達成したいのか？
今月はどこまでできているのか？

今日は何をするのか？

いろいろな期間で、繰り返し繰り返し考える。すると、今年を考えれば今月すべきことが見えてくるし、今月の単位で考えれば、今週、あるいは今日という日がより有意義になります。

うまく達成できれば一重線を引いて抹消しますが、これは思いのほか達成感がある。そして、なかなかたどり着かないゴールも定期的に棚卸しして、もう一度書き直したり、設定し直したりもするんです。すべてが自分の記録になるし、ほったらかしには決してしません。

つけ加えるなら、こういう日記は何かあったとき重要な参考資料にもなる。あの当時どうだったのか、何を考えて判断したのかを、あとからかなり正確に思い出すことができます。

私の場合は、父との裁判で、有力な証明になったという事例もあった。当時お世話になった弁護士に見てもらったところ、内容の記録という面でも裁判に有利なだけでなく、私がいかに重要な判断を長い間父とともに、あるいは父に代わってしてきたかの有力な証拠になると言ってくださった。

気持ちが落ち着き、感情をコントロールできる

裁判の証拠は極端な例としても、ときどき自分の記録を読み返すと、本当に刺激的です。自分との「対話」ができる、とでもいうのでしょうか。

ノートを作れるのは自分しかいないから、本当に貴重な財産になるんです。それはまるで、

自分が自分のパートナーになれる

といった感覚。

とにかく、ノートと4色ボールペンは常に肌身離さず、朝起きてから寝るまで、会社でも個人の用事でも、どこに出かけようと必ず携帯しています。

最近の人はスマホを壊したり、家に忘れてきたりすると「自分自身がなくなってし

まった」と感じるそうですが、私にとってはノートがまさにそれ。自分の分身なんです。

忙しくても、時間があるときでもノートを見ます。すると、不思議と気持ちが落ち着いていく。調子が悪いときは、なぜ調子が悪いのか、考えられる点をすべて書き出し分析すると、必ず解決できるような気がします。あるいは、調子がよかったときの内容を読んで感覚を思い出せるし、頭が真っ白になっても自分を取り戻すことができます。

ノートがあるおかげで、感情をフラットにしてコントロールできるのです。

Episode

31

寸暇を惜しんで広く情報を収集する!柔軟性こそ頭の命!

Successful episodes of company management

モチベーションを上げる方法

ここからは、私が生活をする中で得た、心がまえの話をしていきたい。

ノートには、私が読んだり見たりした情報から、これは参考になるな、とか、刺激になるとか、いい言葉だと思ったものを切り抜いたり、書き留めたりしている。同時に、自分の思いも必ず書いています。

それはつまり、普段の仕事や生活以外に、しっかり時間を作って情報を収集しているということ。考えるための材料を仕入れ、自分が気になる事柄については、先人・偉人たちの考え方も知りたいから。そして、自分がまったく知らない世界の出来事ももっとたくさん見ておきたいのです。触発されるし、励まされる。もちろん、仕事や人生に役に立つものばかりです。だから私は、

アンテナを張って新しい情報を得る

ことに、大きな価値を感じているんです。

対象はいろいろあるし、目的もまたいろいろ存在する。経営者の経験談も読むし、宝塚歌劇団の「ブスの25箇条」も学ぶ。もちろんビジネス雑誌や新聞も読む。テレビの好きな番組も録画で欠かさず見る。

それが結果として、意外なときに役に立ったりもする。

どんなに忙しくても、この時間は絶対に欠かしません。学びのための時間を習慣的にスケジュールに入れているから、完全にルーティンになっています。

私の情報収集法

現在私は、だいたい土曜日の午後、3時間くらいを情報収集と整理の時間に充てています。ただし、強く興味が湧いたものがあったり、より深く知りたいものがあったりした場合は、日曜日も費やすことがある。これは各自、自分の都合やそのときの状況を考えて調整すればいいでしょう。

決まって目を通しているものは、おおむね次の通り。

【新聞】『北國新聞』（石川県の地元紙）、『日本経済新聞』『日経ヴェリタス』
【ビジネス雑誌】定期購読で自動的に送付されてくる『日経ビジネス』『週刊ダイヤモンド』
【単行本】気になって注文していた本を数冊
【ネット】主に講義・講演など

たった3時間でそんなに消化できるのか？　と思うでしょう？　その通り。すべてをじっくり読めるわけではありません。本当ならそうしたいものの、時間がなかなか取れないのが現状です。

大切なのは、普段の仕事や生活からは得にくい情報、知らなかった情報、大きな世界の動き、うまく経営されている方の秘訣などを、間違わずに、継続的に仕入れること。反対に、自分の会社が関わっているような業界の専門紙・誌はあまり読みません。だから、正直全体的には流し読みで十分。それだけで刺激になるし、モチベーションが上がる。とりあえず目だけ通しておけば、あとから気になってもまた戻って読み返すこともできる。「どこかで読んだぞ」って思い出すでしょう？

そして、気になった部分だけ、深く読むことにしているのです。

単行本も同じ。ただし、無数に出版されている本から有益そうなもの、今の自分に役立ちそうなものを選ぶコツがあります。

新聞や雑誌には必ず本を紹介する記事が出ていて、これはかなり精度が高いのです。なぜなら、本読みのプロたちが「これは！」と思った本だけがあらかじめ選ばれているから。さらにその中から私が気になったものが見つかるたび、迷わずネット書店ですぐ注文しておく。届いたら、次の週末に流し読みして、本当によさそうな本ならばじっくり読む、というわけです。

まず目次と項目だけ見て、最初の数ページ～十数ページは飛ばし読み。それだけでやめてしまう本も少なくない。最後まで目を通す場合も、興味のある項目だけ読んですませることもある。

でも、それでかまいません。本がもったいないとか、罪悪感を持つ必要なんてない。それならば、よりたくさんの本に目を通すことを選びましょう。

そしてときどき、本当に面白い本、有益な本に出会えて、とても参考になる。そういう本については繰り返し読むし、私のYouTubeチャンネルでも紹介しています。

講演会や懇親会なんか行かなくていい

反対に、セミナーやら講演会、懇親会にはほとんど行きません。

なぜか？　こういうことを言うから一部の人たちからは嫌われるのかもしれませんが……

セミナーも講演会も、ためにならない
お金も時間ももったいない！

としか思えません。

何かの団体の会員になって、定期的に講演会があったとしても、その講師や内容に必ず興味が湧くとは限らないし、面白そうだと思って出向いたらハズレだった、ということがほとんど。

本や雑誌ならそこでやめればいいのですが、講演はそうはいかない。途中退席もしにくいし、そもそも往復の時間だってもったいない。

その上、講演は相手のペースで流れていくから、こっちは黙って聞くだけ。学ぶときは、あくまで自分のペースで時間を使い、頭を働かせることが大切だと思う。

講演会好きな人は、高いお金を払ってわざわざ出かけていって、「いい話を聞いた」なんて思って講師と名刺交換して写真撮ってもらって、せいぜいSNSに載せて満足しちゃっているパターンなのでは？　そんなの、はっきりいって無意味です。なんの成長もないし、どうせ一日たてば何も覚えていません。実践もしていないでしょ？

懇親会なんて、それ以上に時間のムダ。うちの父も、「業界団体なんか付き合うな」「競合相手は叩きつぶせ！」というのが口ぐせだった。まあ、わざわざつぶさなくてもいいとは思うけれど、要するに、

業界団体と付き合っているヒマがあったら、自分の技術を磨け！
仲よしクラブからは何も生まれない

ということなんです。極めて正論。

その代わり、質のいいテレビ番組や、最近流行しているインターネットの講義動画

などは見ます。これならいつでも好きなときに見られるし、合わないとか期待外れとか、飽きてしまったらすぐやめればいいだけ。

テレビ番組は、経営関係だけではなくて、旅行とか、世界情勢のドキュメンタリーなども好きです。ただ、私も弱いから、新聞や雑誌、本よりも、どうしても見たいテレビ番組に気持ちが引き寄せられるときがある。毎週のローテーションが終わらないうちはテレビに逃げないよう、英語はわざわざクルマでＣＤやリーディング教本を使って一日1時間余り勉強したり、喫茶店に移動して、集中するようにしています。

私たちは、しょせん狭い世界に住んでいる

めちゃくちゃ忙しいのに、なぜここまで手間をかけるのか。

私、結局自分が外部から持続的に刺激を受けないと成長できない、ということを知っているからだと思うんです。自発性のある人になりたい、なんて思うけれど、それは自分の中から湧いてくるというより、

「自発性」は外からの刺激によって生まれる

ということではないでしょうか。

私、こう見えて、子どもの頃は無気力で、ぼーっとしていたと自分でも思う。周囲からもそう言われていました。

父は昭和一桁世代で、ガッツこそあったけれど学歴はなかったし、母も同じ。うちでは夫婦喧嘩が絶えなかったし、お世辞にも教養あふれる家庭ではなかった。羽咋に来てからは、本屋に行くのも3時間に1本くらいしか来ないバスに乗らなければならないような生活だった。その上、本屋に行っても自分が興味のあることが書かれている本がどれなのか、それ自体がわからなかった。勉強するにも、参考書という存在を知らなかった。第一子だから、教えてくれる兄や姉もいない。

ところが、とても幸運なことに、東京に住んでいた小学生時代、我が家の隣には、とても優秀なお兄さんと妹さんのきょうだいが住んでいた。お兄さんは早稲田大学、妹さんは東京教育大学（現在の筑波大学）の学生で、遊びに行くといろいろな本が置いてあって、お下がりをくれたり、勉強を教えてくれたりしていた。

忘れられない思い出があります。その隣家ではお正月、近所の子どもを集めて百人一首大会を開いてくれていた。私は何も知識がないからカルタと同じなんだろうと思っていたら、ほかの子は読み上げが始まったらすぐに札を取ってしまう。どうしてそんなことができるかと不思議に思っていたら、妹さんが「みんな暗記しているのよ」と教えてくれた。そうだったんだ、へぇ〜って思ったわけ。

こういうのって、要するに情報なんです。知らない世界に触れること、そしてそれが何で、どう学べばいいかは、人に教えてもらうのが一番の近道。孫正義氏も、スティーブ・ジョブスも、結局刺激を受け続けて「なんでだろう？」と感じ、その理由を求め続けたからこそ成長できたんだと思う。でも、変な話ジャングルで独りぼっちだったら、そんなの絶対に無理でしょう？　私には無理です。

だから、外部から刺激を受け続けることが大切だと思うんです。

私がいつも新しい情報を求めているのは、当時の経験があったからかもしれません。あのまま父が会社を奪われずに東京に住み続けて、隣のきょうだいから勉強を教わり続けていたら、私、今頃学者になれていたかも？

Episode 32

ピンチに感謝！恐れず動いていけば不安な気持ちは消える！

Successful episodes of company management

崖っぷちに追い込まれたときに必ずいいことがあった

今は世界中の人がピンチです。コロナ禍のため、いろいろなことが急に激しく変化したし、当たり前だと思っていたことが崩壊寸前になっている。

正直にいって、辛い。私も辛いけれどまだいいほうで、私の何倍も、何十倍も辛い人たちが世界中にあふれている。

でも、私は、コロナの前からずっと、こう考えてきたんですよ。

「このままではダメだ!」こそが、ものすごい活力になる! 遠慮なければ近憂あり

ピンチだからこそ、崖っぷちに立たされたからこそ、新しい世界が開けると思うんです。会社も、個人としても。過去を振り返って見れば、むしろ「最大のチャンス」でした。

うちの会社、リーマン・ショック後、父から引き継いでまだ仕事も完全に戻っていないうちに、東日本大震災とその影響による急激な円高に襲われ、大ピンチに追い込まれました。このままでは、会社の存続さえ怪しかった。まさに生きるか死ぬかという状況でした。

どうにかして、反転しなきゃいけない。「本業以外はやるな」という父の教えを破って太陽光発電に有り金以上の投資をしたこともそうですが、このとき私は初めて、今の客先に頼っていては生き残れない！　自分で打って出なきゃいけないと痛感したのです。

しかも、海外に出て。それまでは、注文してくださるお客さままで十分商売できていたので、考えもしませんでした。おかげで儲ける力が強化されました。

これって、要するに「火事場の馬鹿力」です。

下積みのときこそ新たな学びが得られる

「わざわざ海外なんか行って、安い仕事を取ってくるな」「シンガポールなんて二度と行くな」……父が現役だった頃はそう言われていましたが、会社が追い込まれてからは、いっそう力を入れて英語の勉強を始めました。

というのも、私が海外に直接出かけてプレゼンをしなければならないから。英語の勉強は今でも毎日続けているので、テキストなんか、使いすぎてもはやボロボロになっています。

考えてみれば、弟が会社を継ぐはずだった当時、税理士の勉強を始めたのだって、結局そうしなければ私自身の仕事、ポジションがなくなってしまうからという火事場感覚があったから。ものすごく不安だったからです。

不安なときに、「どうしよう、怖くて何もできない……」「とりあえず、しばらく様子を見ながらじっとしていよう……」なんていうのはもったいない。私にはできません。居ても立ってても！


不安なときこそ、動く！

動けば不安は消えていく！


ということなんです。本当は。

なぜ不安なのか。この先どうなるかわからないからでしょう？　どうなるかわからないと、どんどん悪い方向に想像してしまう。あれもダメ、これもうまくいかない、不安が不安を呼んで、酒を飲んだり、ギャーギャー騒いだり、遊んでしまったりする。そんなことしてもなんの解決にもならないことはよくわかっているのに。

逃げるんじゃないよ！
先のことなんて、誰にもわからないんだよ！
知恵と勇気は貧乏でも、貧乏だからこそ持てる武器。

だったら、行動するしかない。みっともない真似はやめましょう。ぐずぐずしているヒマなんかない。金がないなら動くしかない。いくら貧乏であろうと、知恵と勇気はタダで使うことができるのです。

悔しかったらやってみる。「悔しい」とか、「うらやましい」なんていくら頭で考えていても、一銭にもなりはしません。だったら、そんな時間もったいないじゃないですか。何をするかを考えて、今すぐ動く。そうすれば気持ちも落ち着きます。たとえ失敗しても、修正して、また直して……成功するまであきらめない。あきらめる余裕は私にはありませんでした。

Episode 33

心が折れそうになったときは、体を動かす！心の反転！それでも思いつかないなら、眠る！

Successful episodes of company management

父との葛藤——最も心折れそうになったとき

私は今回、あまり個人的な話をしないようにしていますが、説明上どうしても、この会社の経営を巡って父と裁判になり、結果として傍目には「父を追い出した鬼娘」になっていることについて、少し説明したいと思います。言い訳です。

なぜかというと、私にも、心が折れそうになることはある。表には出さないようにしているだけで。

ただ、いろいろな経験を経て、自分でうまく立ち直る方法を会得できるようにはなりました。真剣に、そしてハードな仕事に臨んでいる人であれば、壁にぶつかるし、ピンチを迎えることがあるはず。それをうまく乗り越える方法を伝えるなら、実例を踏まえたほうが説明しやすいでしょう？

うちの会社、そして私自身も含めた最大のピンチは、弟が亡くなり、父が最前線での経営に復帰してから、どんどん気難しく、疑い深くなって、他人の話を聞かなくなったことに始まった。最後は一方的に「廃業」を宣言して、取引先にも会社を畳むと伝え、周囲の慰留にも応じず、本当にすべての会社営業活動をやめてしまった時点でした。

言い始めた頃はまだ景気がよかったものの、その後リーマン・ショックと世界経済の落ち込みがやってきた。あきらめた取引先は発注を他社に回し、うちの会社の受注はゼロ。

うちの父は天才鍛造工にしてめちゃくちゃ気が短かった。今だから笑い話になりますが、私、会社で父からパイプ椅子でぶん殴られて「やめちまえ！」って怒鳴られたこともあるんです。まあ、父はもともとそういう性格で、高校生のときも「お前、国会議員の家のお手伝いさんとして行け！」と急に言ってきて、もちろん拒否したら、グーで殴られて鼻血を出し、裸足で庭に逃げたこともあるくらい。まあ、この程度ならまだ笑える話なんです。

でも、会社を閉じるというのは、そんな話の何十倍も辛いことでした。私だってもう長い間働いてきた会社だし、世界が認めていた父の技術が潰《つい》えて、目の前から大好きな鍛造会社が消えてしまうのだから。それも、父自身の手で。だから、

心折れそうだけど、裁判で負ければすべて終わってしまう

という、引くに引けない状況の中で、父と法廷で争い、父に引退してもらう道を選んだのです。人からどう見られるかなんて、もうどうでもよかった。ただ、会社と父の技術そして父の名誉を守りたかった。

その過程では、当然悩んだ。心も何度も折れそうになりました。

ただ、おかげで私自身の中に、心が折れそうなときどうすればいいか、実用的なノウハウが身についてしまった。それを、松・竹・梅じゃないけれど、わかりやすく3段階のレベルに分けて解説しようと思います。

対策レベル1／体を動かす

一番軽度な場合は、とにかく体を動かすこと。

動かし方はなんでもかまわない。散歩でもジョギングでも水泳でもいいと思う。ただ私のおすすめは、

心折れそうになったら、掃除する

なんです。私の場合、掃除といっても草取りですが、草がないときは庭の掃除をするようにしている。

体を動かすというのは、とにかく単純な作業の反復を意味する。だから運動でも家事でもいいのですが、個人的には、その結果「きれいになる」という結果が得られるから、掃除や草取りをおすすめします。

最悪、何も解決しなくても、家や庭はさっぱりするし、それは気持ちにプラスの効果をもたらします。

私、子どもも独立しておばちゃんの一人暮らしですから、そういう家事は誰かに手伝ってもらえばいいとよく言われます。でも、元が貧乏育ちだから、なんでも自分でやるクセがついているし、掃除や草取りをするたび、昔の記憶がよみがえったりもする。

あの頃の辛さ、お金のなさに比べたら、今の悩みなんてどうってことないじゃないか、なんでこんな小さな、くだらないことで悩んでいたのか……手を動かしているうち、こんな具合に考えが整理されて、ポジティブな気持ちになれるわけです。つまらないこだわりを捨てたり、新しい方法を考えられたりするようになる。

掃除や草取りの代わりに、昔の自分自身の苦労が思い出される動作があれば、それに没頭してみるといいのではないでしょうか。

対策レベル2／心の反転

体を動かすことも難しい場合は、思考に頼ることになる。そんなとき私が実践しているのは、心の反転です。これは要するに、

大丈夫だ、必ずリベンジできる！

という結論に、自分の頭をもっていくパターンだと考えてもらえればいい。もう少しかっこよくいえば、自分の心を感情に支配されず、できるだけ頭の中からぜい肉をそぎ落として、具体的な目標・方法までを考えられるようになろうということ。

たとえば、誰かに理由のない悪口を言われたり、感情的な攻撃を受けたりすることがある。そんなとき、心に余裕がないと、自分も感情的になって、周囲からはくだら

ない人間に見えてしまう。変に守りたいものがあったりすると、つい反応してしまうのです。

惨めだ、悲しい、誰かが憎たらしい……こんな感情を持ったときは、必ず結論を「なんとかなる」「○○すれば解決できる」という方向にもっていけるといいでしょう。

そのためのコツが、心の反転なのです。

具体的には、ネガティブな感情が起きてしまった原因と解決法を、できるだけ具体的に考えること。


どうしてこうなったのか？

私に何か問題があったのでは？

何をどうすればうまくいくか？

それにはどのくらいの時間がかかるか？


……こんな風に考えていくと、感情から離れて、どんどん具体的になっていきます。

大ごと、大変な課題を背負っても、それが3カ月で解決できるのか、3年で解決できるのかが定まれば、それほど恐ろしくはなくなる。

そして、ただ考えるだけではなく、具体的な行動に移せるように、ノートに考えを書き留めることも大切。あとは、ノートの内容を見返す際に、忘れずに考えを持続できるようになる。

このやり方を開発してから、私は「悔しくて眠れない」とか、うらめしい、憎たらしいなんて気持ちはまったくなくなってしまいました。そんなことしても、なんの得にもなりません。

これが、心の反転ということ。改善に関係ないマイナスな感情や出来事は、全部捨て去って、忘れてしまってかまわないのです。

慣れてくると、自分が一番ひどい感情だったときの記憶を思い出す、というのも効果的。「あのときほどひどくない、なんてことない」と思うことで、うまく乗り越えられることもあります。

対策レベル3／とにかく眠る

私の場合は、もうこのレベルに来ることはなかなかありませんが、体も動かなければ、頭の思考も働かない、ということも昔はありました。人前で泣くわけにもいかず、車で人気のいないところまで行って、独り号泣したこともある。意外でしょう？

そのときに得た経験を述べておくと、本当に何もできないとき、しんどくてどうしようもないときは、とにかく寝ることです。

私の場合、いよいよダメになってくると、睡魔が襲ってくる。そういうときは、とにかく睡魔に身を任せて寝るしかない。

ダメなときに、無理をしてはいけない

ということです。

不安になると眠れなくなる、という人も多いでしょう。これはこれで大問題ですが、眠れないものはどうしようもない。

私もそういう時期があった。何をやってもダメなのに、とにかく何かをしなければならないという思いに取りつかれて、ああでもない、こうでもないと動いているうちに、いよいよ電池が切れるように、倒れるように1時間ほど会社のソファで寝てしまったことがある。

そうしたら目覚めに、不思議といいアイデアが浮かんだ！　それに従ってあちこちへ指示を出して一段落したら、今度は少し安心できたのか、本格的に眠くなってきて……なんと2日半も寝込んでしまったときもありました。

まあ、これは極端な例だと思いますが……。ただ、とりあえずどうしようもないならまず眠ること。眠れないなら、眠くなるまで起きて疲れきって、たくさん寝ることをおすすめします。すべては起きてからでいいのです。

Episode
34

私にとって易経とは、
・下した決断の最終確認手段
・最高の先生
・謙虚になれる時間

Successful episodes of company management

易経って怪しい占いじゃないのか？

この章の最後に紹介したいのは、『易経』という中国古来の書物と、それに基づく占いについて（以下、書物としては『易経』、それに基づく占いは、カッコなしで易経と表記します）。これが、私の判断の最終手段になってずいぶん時間がたつ。

えっ？　占いに頼って経営しているんですか？

と思われた方もいるでしょう。その答えは「ノー」でもあり、「イエス」ともいえる。
私にとっての易経は、悩みに悩んで出した結論に対して、または自分では自信を持って結論を出したけれど、最後の確認の段階で頼る手段なんです。そして、書物としての『易経』には、本当に何度もインスパイアされているのです。
私個人がどういういきさつで易経に出合い、どう使っているか、頼りにしている理由についてだけ述べますので、もし興味が湧いたら、各自調べてみてください。

易経とは何か？

ごく簡単に説明すれば、『易経』とは「四書五経」のうち、『五経』の一つです。「四書五経」、聞いたことくらいはあるでしょう？　『論語』とか『孟子』とか。大昔から中国だけでなく周辺国で読み継がれてきた儒教の経書です。

では、今を生きる私にとっては？

易経とは、統計学である！

ということ。

つまり『易経』が書かれるまでに起きた歴史的な事件が詰め込まれているということです。易を使って占った結果として、誰それがどこと戦って勝った負けた、どこかの王様が何をして成功したり失敗したりだまされたりした……そんな実例が、数千年分ぎゅっと凝縮された統計的実例集というわけです。

ものすごく平たくいえば、「占いの結果はこうでした」ということ。

つまり、『易経』には、数千年分にわたる国の命運や人生をかけて事に臨んだ人々の行動記録や結果が書かれていて、その蓄積を、現代に生きる経営者としての私が使っているということ。

易経で人生が変わった

私自身はどういう経緯で易経と出合ったのか。

30代の頃、会社で浮いている時期がありました。当時は弟も健在で、私自身も社長になる可能性はまったくなかった。

しかし、常に恐怖感のようなものがありました。一生懸命仕事をしても常識の通じにくい父の気分次第で評価が変わるし、果てはパイプ椅子で殴られることもあったわけだから。

同時期にたまたま以前から交流のあった、ある大手取引先の取締役の奥様が声をかけてくださった。「易経というものがあって、あなたはそれを学ぶといい」と言うんです。

その奥様は本当にいい方で、今の私と同じくちょっとお節介焼きな人でもあった。

当時、その話を聞いた私は、正直にいって面倒だったたし、嫌だった。

「占い」なんでしょ？　なんでそんなのに私が頼らなきゃなんないのよ！

という感覚。ところがその奥様は強くすすめてくるのです。「易経で見る限りあなたは素晴らしい人だ、必ず得るものがあるはず」と引き下がらない。なにせ大切なお取引先さまの奥様だから無視するわけにもいかず、初めは仕方なく出かけたのです。

そして出会ったのが、私の易の先生でした。

私は当初、安くないお金を払って先生に何かを占ってもらうのだと思っていました。そして、先生然とした怪しい占い師が、あれこれ適当なことを言ってもっとお金を引き出そうとしてくるんじゃないかと疑っていた。けれど、それはまったくの誤解。

先生が教えてくれるのは、「易経を使い、自分で自分を占うための方法」だった。買うのは本とサイコロだけ。先生ご自身の生活はすべて易で決められていました。多くの立派な易の生徒さんが教えを乞われて多忙なスケジュールで生きていらっしゃる誠実なおばあちゃんでした。

そして、その方が使っているのが、著名な中国哲学者・本田済《わたる》先生（故人。大阪市立大学名誉教授）の書物。もし、読者の中で易経に関心を持つ人がいたなら、まずはインターネットで情報を集めてみればいいけれど、そのあとで本田先生の本を探してみるといいでしょう。難解な『易経』を、日本人読者のために解説してくださっています。

Episode
35

易経によって、自分をより深く考え、客観視することができる！

Successful episodes of company management

易経で何をする？　何がわかる？

易経の詳細は、興味が湧いたら各自調べてほしいですが、

2個の8面体と1個の6面体サイコロを振る
出た目に従い、解説書を読む

これだけ。細かく書けばもう少し説明のしようはありますが、1回易を取るのに、1分もかからない。

そんなので経営判断ができるのか？　疑問に思う人もいるでしょう。

例で考えてみましょう。2011年、私は手持ちのすべての現金以上の資金を太陽光発電に投資した。その決断でも易経を使っている。問題は使い方。

ある土地に3メガワット分9億円の発電設備を入れる、と自分の判断で決めた。そのあとで易経を見るわけです。自分で最後まで決めたことを、最後の最後に占う。

太陽光発電に投資することはどうか？　メーカーAのパネルを導入しようと思うが

どうか？　メーカーBならどうか？　……こんな具合で易を取るわけです。

まさか、占いに従って、遊休地を売るか、太陽光発電をするかを決断するわけがない。『易経』の時代に太陽光発電なんてあるわけないじゃないですか！

天啓を与えられる

もう心の中で決まっていることを、なぜわざわざ易経で占うのか？　現に遊休地があって、太陽光発電の買い取り価格が決まっていて、計算上絶対儲かる確信があるんだからやればいいじゃない？　メーカーAから買うか、Bから買うかなんて、コストとパフォーマンスで決めればいいじゃない？　そう思う人もいるでしょう。

なぜなら、易経はその判断が「正しいか、正しくない」を占うものだからです。


自分の決断が、良心にかなうものか？

自分の決断が、世の中の道理に沿ったものか？

それを、最後の最後に易経に聞くのです。サイコロを振り、易経を読む。そこに書かれている内容は、人間が数千年繰り広げてきた行いの凝縮。それを読むと、必ず何か得るものがあるのです。

自分の決断は正しかった、このまま進もうと自信を得ることもある。太陽光への投資もそうだったし、実際大成功でした。9年前、太陽光発電に投資したおかげで、うちの会社はコロナ禍の今も取り乱すことなく経営を続けている。

半面、ある取り引きをする際、易経から「その相手は誠実ではない」「一生懸命になって取り合うような人ではない」「進めば凶」という示唆を受けることもある。当然、再考することになります。

こんなこともありました。1億円の設備投資を決め、事前に易を取った。ある大きな取り引きが決まり、その機械を入れれば効率が向上するから。

すると、どういう形でやっても、時期を変えても答えはネガティブなものだった。そこで、少し悩みながら自分が見落としているかもしれないポイントを探っていたら……突然、あてにしていた客先からの発注がストップした（発注元が海外の風力メーカーからキャンセルされたため）、なんていうこともありました。危うく大けがをするところを救われたのです。

易経は、大きな「難」を小さなものに、小さな「難」を無難にすることができるというわけです。

自分に足りない部分、見落としている部分を知る

私などは、じつに小さいのです。どんなに勉強しようと視野は狭く、知っていることには限りがあるし、気が急いている場合もある。そういうとき、必ず抜かりが生まれる。自分自身が不遜なときもある。

問題は、結局自分だけの力では、その抜かりを見つけられないこと。私を知る人なら納得してくれるでしょうが、私は人の話なんか聞きません。自信を持っているし、思い込みが激しいし、人をバカにしてしまう（お山の大将です）。

よしやろう！　いける！　さあ勝負だ!!……って思い込んでいる気分のときに、あまり「本当かな？」って自分のことを冷静に疑ったりはしないでしょう。そこが落とし穴。

人の言うことを聞けないなら、易経の言うことを聞こうということです。

易経とは、自省であり、自分を客観視する手段

つまり、他人に見てもらう必要がなく、猜疑心《さいぎしん》が強い私も信じることができるんです。

いつも自分が正しい、と思わないために、最後の最後に頼るんです。そして、自分のしていることが、人の道理にかなっているかどうかを確かめるんです。

これは、本当に実用的なやり方です。どうしても自分の意思とは違う結果が出る場合は、とにかく再考の機会と捉えて、自分の決断、自分自身の思考を、もう一度原点から考え直す機会にしています。要するに、

易経のおかげで、思い込みや偏見を排し、考えが深まる

繰り返すほどうまくできるようになる。

政治家や財界人にも、易経を使う人は少なくないと聞きますけれど、その理由がわかる。重い立場にいる人たちは、それまでになんらかの大きな成功をしているからこそ、そのポジションにいるけれど、今後も過去のように成功できるとは限りません。

しかし、得てして自信満々になり、前回も成功したから今回も成功するだろうと考えてしまう。そこに落とし穴があることを、知っているかいないか、の差です。

答えがない経営の世界で、右に進むか左に行くかの重い決断をしなければならないとき、易を挟むことで、占う前の思考も丁寧に、シンプルになる。「可か不可か」に落とし込まないと易はうまく活用できないからです。その結果は、易経が教えている道理にかなっているかによって判断されるので、自分の考えが正しいかどうかがわかる仕組みになっています。

もしも、読者のみなさんが、日々の行動に悩みを抱えているなら、あるいは重い決断をする立場になったら、易経の扉を一度開いてみることをおすすめします。

第5章

心がまえ ――

ネガティブ体験、自虐ネタで笑い飛ばせ!

Episode

36

私が受け継いだ革命的な鍛造職人・父の教え

Successful episodes of company management

父の教えがあって、今の私がある

最後の章は、私が今までの出来事から体験として得られた心がまえを、思いつくままにお伝えしていきたいと思います。

別に、この通りすることが必ず正しいとは限りませんので、参考程度に読んでいただければ十分。ただし、ウソはつかず、心の底から思うことだけをまとめるつもりです。この通りやってきたからこそ儲かる会社を作り上げられたという自負はあります。何か一つでも参考になり、今までを見直し、これからを考えるきっかけになれば幸いです。

私は、ここまで何度か述べた通り、父・平昭七から会社を引き継いで今がある。最後は父から会社を「奪う」形になったのです。傍目には確執だし、実際そういう面もある。私は好き放題に、やりたいようにやってきたわけではなく、じつは辛抱の連続、苦労をしているんです。

私の長女が最近ふと、私の人生を評してこう言いました。

「徳川家康よりも辛抱した」

ですって！　母と離れ離れになり、自分も人質に出され、「人の一生とは、重い荷を背負って遠い道を行くようなものだ」なんていう名言で知られる家康よりも、私(娘)が苦労に耐えたように見えたのだと……。

私自身、もちろん苦労はしましたが、子どもに仕事の愚痴をこぼした記憶はないし、子どもも仕事ばかりする私に「親としての責任を果たさなかった」などと文句は言わなかった。そういう意味では、知らないうちに働く人間としての私を、苦労人として見てくれていたのかもしれません。

確かに、父から会社を引き継ぐに至るまでは大変だったことは事実。でも、私の中には実の父としての姿以上に、天才鍛造職人としての父、腕一本と、それを支える情熱ですべてを乗り越えてきた父、そして口は悪いけれど従業員からの信頼は厚かった父のことを、今でも尊敬している。

父は革命的な鍛造技術を開発した人物です。序章でも少し触れましたが、父は鍛造で細かな形状を作ることに成功し、その技術で、それまで鍛造ではできないとされてきた製品を次々に実現してきました。

たとえば、それまでは3本のリングを組み合わせなければできなかったギアリングが、たった1個（歯車用リング）で可能になったのです。これを発注側から見れば、それまでリング3本＋連結のためにかかっていたコストが圧倒的に改善されることになります。

ほかにも溶接や鋳造でしかできなかったものを、どんどん鍛造でできるようにしたわけです。誰もできなかったことです。

父には、感謝してもしきれない。型破りな父から耐えた、という意味で受け取ることもできますが、父もまた、ある時期までは辛抱の人だったのです。

だからこの章はまず、私の中に残る父の教えのうち、私が自分の心がまえとして引き継いでいるものから紹介したいと思います。

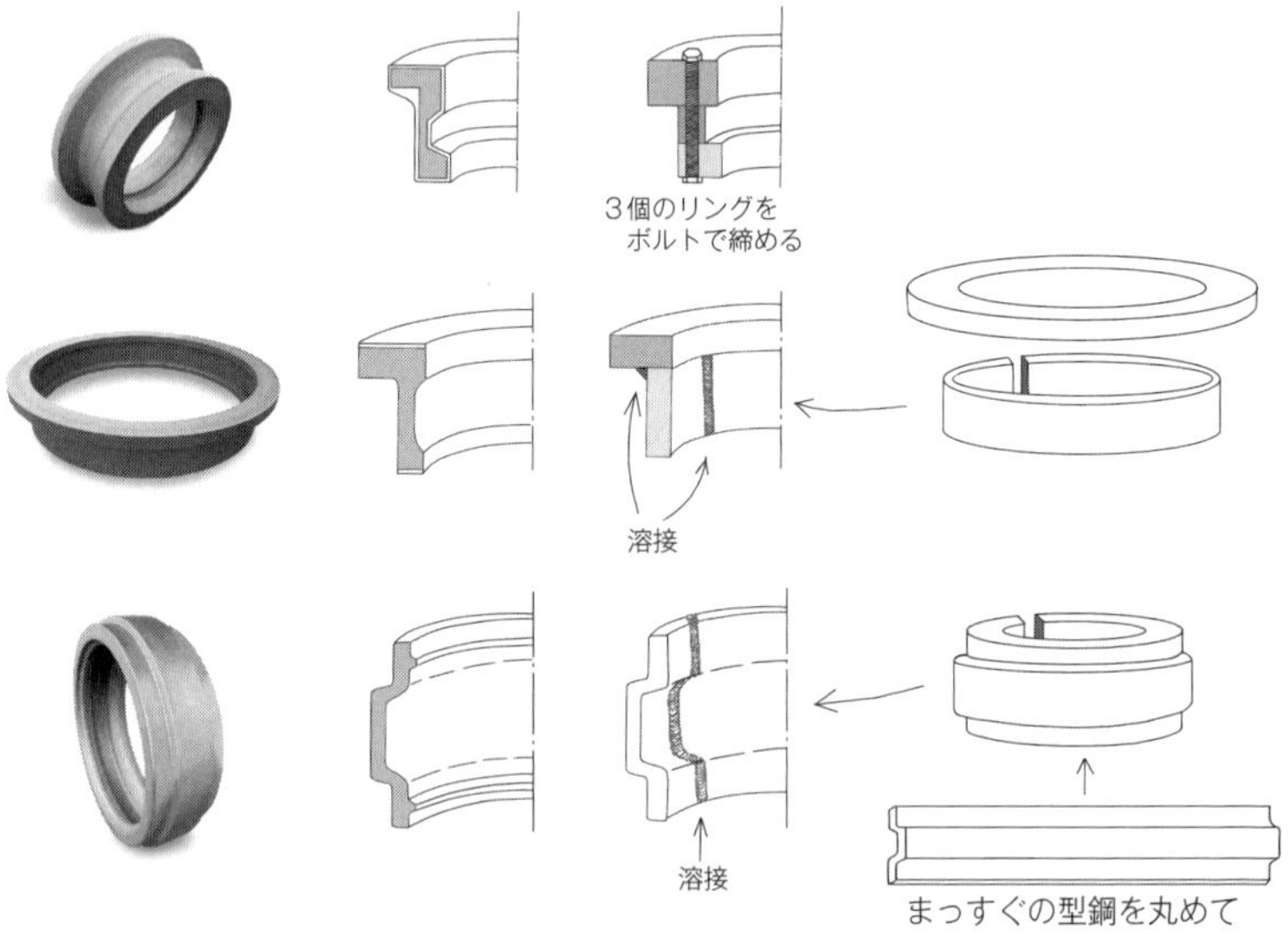

天才鍛造職人の父が開発したさまざまなリング

Episode 37

天才鍛造工・平昭七の教え①
「人に頭を下げるんじゃない。仕事に頭を下げるんだ」

Successful episodes of company management

仕事をいただく際の「頭を下げる」行為を父がこう表現したのは、今も私の心を揺さぶります。

だまされて会社を乗っ取られた経験のある父は、人を安易に信用せず、疑い深い人だったことは確か。ただ、そんな父が、得意先の態度が頭にきて椅子を蹴飛ばして帰りたい気持ちをグッと抑え、頭を下げて仕事をもらうその態度は、彼一流の深慮遠謀があったのかもしれません。その態度もしかり、戦略的な考え方もまたしかり。

世の中、善人ばかりではない。偉ぶる人、態度の悪い人程度ならまだいいほうで、接待だとか裏金を要求してくることだってある。その上、仕事をくれればいいのですが、挙句の果て、仕事もくれない人も。この野郎、ふざけるな！　と思うことは少なくなかった。そんなとき、かつて父は、頭を下げても、それは相手にではなく、仕事に対して頭を下げているんだと考えて自分を納得させていた。

こんなことを聞いた記憶もある。父は、自分に「どんなに腕がよくても、しょせんは学のない鍛造工の仕事バカだから」という態度で接してくる人には、悔しさを押し殺すというより、相手の考えている通り、わざとバカなふりをするという。失礼な態度で値引きを要求してきたら、よくわからないふりをして、飲んでやるんだという。

わざと最初はだまされたふりをして、仕事をもらうんだ

というのです。そのせいでうちの会社はずいぶん採算割れの仕事もしていたけれど、父はひとまずだまされたふりをして発注させておくのだと。つまり、結局は質の素晴らしい製品を一度採用したがゆえに、向こうからは逃げられなくなるのだという。いったんバカなふりをしておいて、時間をかけて相手を自分のフィールドに引っ張り込み、シェアを獲得するということ。

父は計算が甘かったから、引っ張り込んだあとの回収がおろそかになってしまったところが惜しかった。でも、この考え方自体は戦略的で、野心に満ちていると思います。何より、技術力に絶対の自信がなければできない発想。実際、気づいたときには業界トップシェア、業界生産量一位になっていました。

発注する側は、「下請けは生かさず殺さず」なんて考えている。しかし、こちら側に競争力があれば、やがて発注側が逃げられなくなる。他社に出せば、コストアップ・品質劣化・納期遅れが出てしまうからです。

Episode
38

天才鍛造工・平昭七の教え②
「思いついたら即行動」

Successful episodes of company management

父はとにかく、何かを思いついたらじっとしていられず、すぐ行動に移したがる人でした。この点は、私も大いに受け継いでいると思う。父も私も、レストランで自分が注文した料理を待っている時間すら耐えられない。とっとと出してほしいし、出されたらとにかく急いで食べたい。待機時間は、ただ待っているだけで何も生み出さないから本当に苦手なのです。

せっかくアイデアを思いついたのに、あれこれ考え込んでしまう人も多い。実際、アイデアだけで走り始めると失敗をすることもあります。

しかし父は、たとえ失敗しても、失敗しながら改善していくというタイプ。何よりもスピードを優先します。父の口ぐせは、「机の上でどれだけ考えても、うまくいったためしはなかった」。

言い方を換えれば、スピードさえ保っていれば、必ず前に進む、よくなっていくという発想。技術力も、競争力も、稼ぐ力も。

この教えは、ムダな時間を極力省き、また一緒にできることはできるだけ同時進行するということでもあります。

私、家事でも子育てでも同じ考えで動いています。家に帰る時間で夕食の段取りをシミュレーションして、コンロやまな板の使い方をできるだけ同時進行できるよう考えます。まず野菜を切るか？　いやその前に鍋にお湯を沸かしてから……なんてずっとイメージして帰宅する。どんどんタイムを詰めていく感覚。そのうち、15分もあれば一汁二菜は作れるようになっていきました。

家事から仕事まで例外なく同じ。スピード、効率、スピード、効率……と追求していきながら、いかに良質の「製品」や「サービス」を産むかです。

でも、これって結局第3章の現場改善を見つめることと、まったく同じことです。あるいは、家事の動きから生産現場の改善アイデアだって浮かびます。

夕食終了後にスーパーに行って明日の食材を購入。帰社中には絶対買い物はしません。なぜなら、食事時間までの時間のムダをなくし、かつ余計なモノを購入しないため。生産現場も同じです。明日、朝一番の時間ロスは、前の日どれだけ準備できるかにかかっている。おそらく利益を出せない会社は、当日、準備から始めるので生産スタートまでに1～2時間かかっているのでは？

私ももともとせっかちだったわけではありません。父のスピード感、「あれやれ！これやれ！」という指示だけでなく、すぐさま「あれどうなった？　これどうなった？

なんでまだ終わっていないんだ!」という詰められ方に鍛えられ、悩みながら走ってきたわけです。前の章で紹介したノートも、そのために活用した面が大きいでしょう。

Episode 39

天才鍛造工・平昭七の教え③
「小さな幸せよりも、精一杯戦うことを選べ」

Successful episodes of company management

各自、背負ってきた人生があり、また価値観がそれぞれあるとは思います。ただ、どのような人にも共通する条件は、「生まれてくれば、確実に死んでいく」ということ。その時間の中で、どうやって生きることを幸せと感じるかは、各自程度が異なるでしょうが、私はとにかく、やりがいを持って、与えられた時間を最大限活用して、失敗したり成功したりしながらも、とにかく

精一杯戦ってきた！

と確信できている時間が、何よりも幸せだと思います。

反対に、過去の小さな成功をいつまでも大切にして、余裕をもってぼーっとできるような時間は少なかった。これもまた、父の影響が濃い。

東京時代、自分で会社を興すまでの父は、一工員、サラリーマンであって、喧嘩っ早い人ではあったけれど、優しかったと思い出します。

我が家の暮らし向きは、当時の一般的な感覚と比較しても、中の下というか、欲しいものを買ってもらえるような生活ではなかった。それでもまあ、大都会の片隅で、

どこにでもある庶民の暮らしであり、毎月父に給料が入り、毎月同じような平凡で小さな幸せが連続して続いていた時期でした。

父が独立してからは、父の人生が一変し、私たちの生活もまた大きく変わりました。父自身、独立して会社を営むということは、連日経営判断という勝負をしながら、鋭く、研ぎ澄まされていく感じでした。それまでとは、ある意味人が変わった。東京時代の会社には、大きな幸せも大きな不幸・不運も起き、結局一度は会社を乗っ取られ、独りで私たち家族も置いて東京をあとにしました。再興したあとも資金繰りで苦しい経営が続きました。

今私が、二つの時期を思い出して比較するとき、どちらを選ぶか。

たとえ父が怒りっぽくなっても、あまり家に帰ってこなくなっても、戦い始めたあとの父、日々起こるさまざまな変化に対応しながら精一杯戦い始めたあとを選択すると確信しているんです。映画にもなった『三丁目の夕日』のような、小さな幸せの時代に戻りたいとは思いません。ただ、懐かしく思えることは素直にうれしい。

父が勝負に出たからこそ、この会社がある、という率直な感謝の気持ちがある。そして、経営という仕事で困難や難しい判断の連続で、ストレスがたまり家族に当たりたくなる気持ちも体感的に理解できる。私もまた同じことをしている。

気持ち穏やかにありたい、なんて思いたくない。勝負、勝負、また勝負です。

父はこんなことも言っていました。

「年取って、金なかったら惨めやぞ
だから、若いときに汗かいて働くんだ」

これは、本音そのもの。失敗や後悔、悔しい気持ちも、こう思えばなんてことはなかったのだろう。

最悪なのは、勝負もせず、立ち止まって手をこまねいて、気づいてみたら何も残っていない、ということ。そのほうが私にとってはよほど怖いのです。

Episode
40

天才鍛造工・平昭七の教え④「腕・技・能(脳)」

Successful episodes of company management

これは、成長過程の順番を示した教えです。

まず腕（体力）を使え。そうすれば技術は身につき、やっと能力（頭脳）で判断できるようになる、ということです。

鍛造、あるいは工員にかかわらず、体を使ってやる仕事、作業は多い。スポーツ選手なんてその典型。

父はいつでも「思いついたら即行動」でしたが、具体的に考えると、

最初は頭で考えるんじゃなく、とにかく体を動かしてみろ！
頭だけで（机上で）考えたことは、実際やってみるとほぼ失敗
頭でっかちになるな！

ということなんです。

わからないとか、どうしようとか、失敗したら怖い、という気持ちがあると、体が固まって動かないのはよく理解できる。ただ、だからといっていつまでも「実際にやらない」状況が続けば、当たり前だけど何も起きない。起きようがない。

そのくせ、不安な気持ちだけはどんどん増えていく。これってろくなことがないんです。失敗しないかもしれませんが、変化も進歩も絶対起きないから。

アスリートや芸術家がスランプに陥ったとき、ただおびえて部屋に閉じこもっているでしょうか？　とりあえず、あれこれ考えないように体を動かそうとか、手を動かそうと思うでしょう？　そうしているうちに解決策を思いつくものです。

これって、迷ったら動けという話以上に、じつは大切なポイントがあると思っている。

先に体を動かすほうが、結局効率いいんです。よく学べるんです。

不安があっても、よくわからなくても、とにかくやってみる。うまくいかないかもしれない、失敗もするでしょう。

ですが、体験的にいって、成功することのほうが多かった。失敗しても動きながら修正し、少しずつ思い通りになっていく。体を動かしているから精神的にもウツウツとしない。うまくいくまでやればいいんです。それが体で会得した本当の意味の技能です。技能は、机の上では決して取得できず、技能からものづくりの知恵が初めて生まれます。エジソンもフィラメントの成功まで、99の失敗をしたと語っているでしょ。

最初に体を使って考えたことしか、現場では役に立たない
ものづくりは教科書通りにはいかないという父の経験

そして、自ら実験データを織り込んだ教科書を書き換えていくという気概です。

Episode 41

天才鍛造工・平昭七の教え⑤
「自分の仕事が世界一素晴らしい」

Successful episodes of company management

これは、文字通りの教えとして受け取りながら、「反面教師」としても活用したい内容だと思います。

まず、「世界一」を目指して技術を貪欲に追究していった父の情熱があったからこそ、今のうちの会社がある。めちゃくちゃな設備投資も恐れなかった父ですが、それは何よりも、「日本一、世界一の鍛造技術を実現する」という野心があったからこそです。反面教師としては、まず実際に「世界一」を達成したあと、尊大になってしまった父を惜しむという意味において。これはさんざん述べてきたから省略します。

私は、もっと大きな意味で考えてみてほしいのです。この教えが当てはまるのは、今の日本人、ほぼ全員だと思うから。

近年、「日本はすごい!」という文脈で、いろいろな話を聞くようになりました。テレビがその主役。ただ、私はこれって、すごく危ういと考えている。

いや、いいんですよ……本当に世界一なら

ただ、根拠のない「すごい! すごい!」の合唱が、国全体、日本人全体としての

慢心、尊大さにつながってはいないか、すごく心配になる。そして、これは周辺国への軽視にもつながるわけです。

私は儲ける会社を作るために寸暇を惜しんで働いていますが、うちの会社の競争力が失われないか、常に気を配っている。日本国内にうちのマネをできる会社はないと思う一方で、もしも中国でうちと同じような品質で作れる企業、あるいは多少劣るけれど価格競争力が高い企業が現れたら？　うちの製品の多くは最終的に中国大陸でも使われているし、そのほかの国への輸出機会も奪われかねない。

そうでなくても、日々生活していて、少し周りを見回せば、かつて日本製だったものがどんどん中国製に置き換わっていることに気づくでしょう？　日本製に比べればまだまだだけど、安いから……なんて言っているうちに、洋服や小物から始まって、家電製品もどんどん置き換わっている。

これはとりもなおさず、中国製品を認めている企業や消費者がいるからです。十分ビジネスになっているってこと。

同時に、為替相場の問題もある。これは企業努力ではどうにもならない。俄然、不安になるでしょう？

うちのお取引先筋は私に、「まだまだ大丈夫ですよ、タイラにかなう製品はありません。彼らの製品が安すぎるのは質があまりに劣るからです」と言ってくれますが、それを聞いて「その通り、やっぱりうちが世界一で、中国なんて話にならない」なんて、根拠なく慢心は絶対できません。中国だけじゃない、今後はインドも出てくるわけです。

だから、自分で見に行く。確認しに行くんです。現地の今後ライバルになる企業の様子をのぞく。本当にうちの会社が世界一なのか、海外のライバルをどの程度リードしているのか、この目で見る。

うちの父は、初めて会社を興す前後、追い越したい会社の工場を塀の外から覗いて研究していた。ちょうど、その逆です。

今のところ、うちの会社はまだ大丈夫。しかし、中国企業のキャッチアップには目を見張るものがある。うちの会社が得意としているような超大型リングは大丈夫でも、そこまで質を要求されない製品は、どんどんできるようになっている。

だから、私は「日本すごい！」なんて手放しで喜んではいません。ただの優越感だけです。自分のところのモノが最高なんて決めつけたら、改善のチャンスをなくすだけ。

愛国心は大いにけっこうだけれど、そのせいでひいきの引き倒しになって、日本全体がつまらない国になっちゃったらどうするのか？　とにかく、もっと広い目で世界を見て、継続的に情報を集めたいと考えています。

Episode

42

好きでトップをやっている。人の倍働いて当たり前！

Successful episodes of company management

8時間労働なんて、考えられない！

ここからは、私が日々考えている心がまえを述べたい。最初はこれ。私のような経営者は、従業員をはじめほかの人たちの倍くらい働いて当たり前だってことです。テスラのイーロン・マスクCEOも言っているでしょう？ 「週40時間の労働で世界を変えることはできない」って。つまり、

8時～5時の労働で成功する人なんていない

ってことです。しかも週休2日、昼休みはきっちり1時間とか、経営者として私は考えられない。まして、うまくいっていないのなら。ひょっとして、業界団体や社会貢献クラブの集まりで仕事は8時間未満ですか？

仕事が好きなら時間なんて気にならない

私は、現時点ではうまくいっているほうの経営者に入るかもしれませんが、それでも一日14時間くらい働いているし、帰宅後もノートを見返してはあれこれ考えているから、寝ている時間以外はほとんど仕事のことを考えています。何も辛くないし、それって当然だとは思いますが。

経営者でしょう!?　人の倍働いて当たり前です!

と言ってあげたいです。

従業員が8時間労働なのは、従業員（労働者）だからです。労働基準法があります。でも経営者は「好きで」経営しているはず、本来は。

私なんか、もはや「働いている」という意識すらありません。

経営は自分の生活、人生のほぼ全部だし、自分がすべて考えなければいけないことを当然と思っています。無借金経営の会社で現金が貯まっている会社にしようと思えば、起きた瞬間から眠るまで、思い続けて当たり前だと思います。

Episode
43

なぜ、オーナー経営者は高い報酬を得るべきなのか？

Successful episodes of company management

オーナー社長こそ、公私混同してはいけない

会社の株式をほとんど売却したあと、今の私は、オーナー社長ではなくて雇われ社長です。親会社から来た経営者にバトンタッチするパターンもあるでしょうが、今のところは、平のおばちゃんに任せておいたほうが会社が儲かりそうだ、と株主が考えているからこそ、オーナー社長時代と大きく変わらない状況で経営者を続けている。もちろん、3カ月に一度の取締役会など、少しの我慢はあります。

私も数年前まではオーナー社長だったし、父がいた頃は、「オーナー社長の家族」であり、「オーナー社長の近くで働く人」だった。

世間的には、オーナー社長は従業員を安く働かせて高給を取り、必要経費と称してあれこれ私的な経費を会社に回したりしているのではないか、というイメージがあるでしょう。それほど間違ってもいないと思いますが、私の考え、現実は違います。

費用の公私混同なんて、一切していません！
今でも逆にポケットマネーを出している

誓って、こう言っておきたい。

なぜかというと、父は部下の行動すべてに異常にうるさかったのです。

たとえば、営業担当として大きい取引先の担当者と食事をしたり、接待をしたりということは当然あるし、親睦を兼ねて部下と食事をすることもあります。これらは会計処理上も一定の条件を満たせば経費に算入できることは自明ですが。

ところがうちの父ときたら、「接待のときにどんな話をした?」「なんでそんな言い方したんだ」「仕事取れるんだろうな?」などと言い始める。もう面倒くさくなって、そういう支出は一切ポケットマネーでするクセがついてしまった……。

そして、経営が苦しい時期の連続だったこともあって、経費自体ムダに使おうという気持ちも起きなかった。会社の金で楽しめるほど時間の余裕もない。起きている時間は会社を経営するので精一杯ですから。

オーナー社長は夜逃げのリスクを背負っている

しかし、報酬となると話はまったく別になる。

オーナー社長の報酬は、確かに従業員と比べれば高いでしょう。それも、かなり。ここに文句を言い出す人がいるなら、私が徹底的に反論します。

オーナー社長の報酬が高いのなんて、当たり前です！
背負っているものが違うし、合理的な意味があるんです！
子どもが相続税を支払う現金を残さなければ、会社を承継できなくなる！

高い報酬をなぜ受け取っているのか、あるいは、「なぜ高い報酬を受け取らなければいけないのか」について考えてみてほしい。

オーナー社長は、その名の通り会社の株式の全部、あるいはほとんどを持っている。会社の持ち主（株主）であり、経営者でもある。

つまり、本人＝会社そのものということ。

うちの会社のように、うまくいっているならいいです。しかし、オーナー社長が会社を始めた頃は、その事業がうまくいくか、儲かるかどうかなんて本人にすらわからない状況。そんな会社にお金を貸してくれる金融機関はないし、出資してくれる人も少ない。

つまり、自分ですべてを用意しなければならないのです。もちろんオーナーなんだから当たり前だろうといわれるかもしれませんが、うちの父を例にすれば、世界一の鍛造屋になりたくて、自分の判断で高額な設備投資をしまくった。当然、自宅やその土地、もちろん会社の設備まで担保が何重にもかけられました。でも、経営者の意志でそうしたいなら、結局自分の個人資産を担保に入れてお金を借りてくるしかないわけです。事業が立ち行かなくなったら全部パー。一文無しどころか莫大な借金を背負うことになります。冗談抜きで夜逃げの世界。住む家もなくなるわけです。

報酬を税率で決めてはいけない理由

つまり、全財産を賭け、大きなリスクを取って事業に見事成功したのだから、オーナーがしかるべき報酬を得るべきである、という理屈が成り立つ。それは、半分はその通りです。

でも、私はオーナー社長が高給を取る、あるいは取らなければならない重大な理由

がほかにもあると思うのです。それは、

オーナー社長は、何があろうと、自分の責任で会社を継続していく責任がある

からです。具体的に説明しましょう。

一般に、儲かっている会社の場合、オーナー社長の報酬を高くすると税制面で不利だとされる。数字だけ見ればその通りで、社長の所得にすると、所得税率が法人税率よりも高くなる。会社＝オーナー社長なのだから、どちらに残そうと結局は同じなので、より税率の低いほうを選択して、会社の利益にすべし……というロジックです。

私に言わせれば、これはまったくお話にならない。そんな甘いものじゃありません。父は、たとえ税率が高くても、個人にお金を残そうとしていた。その理由をはっきり聞いたことはありませんが（いざというときの生活資金、夜逃げ資金だったかもしれないが）、結局、会社に対する最後の資金の出し手は、オーナー家しかあり得ないことを経験的に知っていたからだと思う。東京で設立した会社は、債権者に倒産か、一人会社を出て行くかの選択を迫られ、一人ぼっちで石川県に帰った。

経営危機は突然訪れる。こちら側が一生懸命やっていても、気象や世界が急変することだってあることは、今回のコロナでみんなよくわかったはず。

では、急に会社が立ち行かなくなりそうなとき、誰もお金を貸してくれないとき、オーナー家にお金がなかったら？　自ら会社を助けることができなければ？

会社は倒産、従業員は解雇、失業。技術も伝統も潰える。全員が悲惨な目に遭うことになる。

好況期でも、同じようなことはあります。うちの父のように世界の誰も考えつかない技術を持っている人が、「これはすごい！　人生のすべてを賭けて取り組みたい！」と取りつかれるようなものを見つけたとしましょう。

しかし、それは皮肉なことに革新的であればあるほど凡人には理解できない。頭のよさそうな人に限って、「そんな、事業計画書が作成できない設備に大金を投じるなんておかしい」と、反対してくるんです、必ず。

そこを、自らリスクを取って打開できる存在は、オーナーしかいないんです。

オーナー社長は自分の報酬をいくらにするべきか。その答えは、節税とか、財テクとかに求めるべきではありません。法人ばかり利益を出して個人の分を少なくしていてはダメ。経費がどうのこうの、手取りで有利だ不利だのなんて、ちまちました話です。

高い税金を払ってでも、会社を安定的に、そして競争力を保ち、生み出していくために、オーナー個人（あるいはオーナー家）が自由度高く経営していくために必要な額はいくらか？　それを考えれば、おのずとオーナー社長が自らの報酬をいくらにするかの線が見えてくるはずです。

Episode 44

オーナー経営者は、自分亡きあとのリスクテイク、事業継承に向き合うべき！

Successful episodes of company management

スムーズな継承もオーナー経営者の責務

オーナー社長は自分の責任で会社を継続していく義務がある、と述べましたが、その究極が「事業継承」です。これ、自分が引退したあとのことを想像できない、想像したくない人が少なくないと思います。特に自分自身が創業者の場合は、事業継承をした経験がありませんから。

私は裁判を経たとはいえ、父から事業を受け継いだし、本来は後継者だった弟が事故で急死している。そして、私は自分に後継者がいなくなったために株を売却したという立場の身。自分の経験も踏まえて事業継承に対する心がまえを述べておきます。

いざというとき、オーナー家にお金がなければ厳しいというのは前の項で述べた通り。それと同時に、いざというとき、

急にオーナーが亡くなったら?
突然、自分が寝たきりになったら?

ということについても、現オーナーの目が黒いうちに、つまり頭脳明晰《めいせき》なうちにしっかり手を打っておかなければいけないということ。情熱的に仕事をしている創業者の場合は、まさか自分が死ぬなんて考えてもいない人が多いですが、万が一現実になった場合、残された役員、従業員や、取引先、そして自分の家族、親族がどれだけ混乱するか、しっかり準備しておかなければ会社の存続は望めません。

この際、技術や経営ノウハウの継承は当然として、資本構造についても手を打っておかなければいけないということ。

オーナーが急死したら残された人はどうなる？

もし、株式の大部分を保有し、報酬を貯蓄して、いざというときには会社のために使おうと考えていたカリスマ創業者が、ある日突然亡くなったとしましょう。

起こる混乱は、決して葬式の準備や業務の継続だけじゃない。自然人としてオーナー経営者が持っていた株式、そして金銭をはじめとする財産一切は、当然相続の対象になる。準備していないと、何が起こるか想像するだけで恐ろしい。

①死亡時の「時価」による相続の発生、重い相続税負担
②遺産相続、経営権などを巡る家族・親族間の争い
③適任ではない人物が経営者になってしまうリスク
④以上の結果としての、社業や技術の停滞、士気低下

どうですか。皮肉なことに、経営者が一生懸命頑張って会社が儲かる体質になっていればいるほど、じつはここに掲げたリスクも高くなっていくというのが落とし穴なんです。儲かっていないタイミングで相続（贈与）対策をするべきだ、という話は第1章で説明しました。残りの難題について私はあらかじめどうやって手を打ったのか、解説していきましょう。

事業が好きで、能力があって、社業を愛する人が後継者になるのか？

自分のあとを追って経営する人が、果たして自分のように会社経営をとらえ、社業

や技術に情熱を持って取り組むのか。そして何よりも経営者としての能力があるのか。この点が大問題。

株式を相続、あるいは贈与するなどした場合、自分の代わりにオーナー経営者になるのは相続した、贈与された親族になる可能性がある。もちろん、その事態をあらかじめ想定して経営ノウハウを引き継ぎ、満を持しているのなら問題ありません。

しかし、急に引き継ぐ側に、

教えてくれる親がなく、準備なし、経験なし、仕方なく……

なんて場合はもう最悪。いたずらに会社を混乱に陥れるだけです。

従業員はそういうところをしっかり見ている。いざこざも起こりやすくなるし、士気も下がる。変化にも対応できない。技術の継承、向上や、新しい事業、取引先の開拓、ライバルやマーケットの調査なんて、手もつけられないでしょう。

こうして優秀な従業員は事なかれ主義に変わり、取引先は減っていき、会社は力を失います。やってみたい気持ちや、血のつながり、あるいは能力だけで経営するプロもいるかもしれませんが、最後の最後、差がつくのは、自社の事業が好きで、追究する力を持っているかどうかです。

親子・親戚の争いを避け、「きれいに」財産を残す

一方で、私も人の親です。自分の財産を子どもに残し、幸せで安定した人生を送ってほしいという気持ちは当然あります。

ただし、父との確執があったので、私が亡きあと、自分の子どもがそういった争いごと、あるいは地域や業界でそういう噂を流されることは避けておきたいと思う。従業員に疑心暗鬼にもなってほしくないし、彼らの雇用と技術を守りたい。私はこういう性格だから、「勝てば官軍」でしょう？　経営成績で結果を見せてやる！　という気持ちでここまで頑張ってきたけれど。継承当時、モノを売ってくれなかったり陰口を叩いたりした人たちが、今になって何食わぬ顔で接してくるから世間は恐ろしい。

私も忘れたふりをして「優しく」接していますが、ちゃんと覚えています。そして、その仕打ちに今は感謝しています。なぜならそれも貴重な経験だったのです。

だから、まだ引退までに少し余裕がある経営者で、自分の保有株式を受け継ぐ子女、親戚などがすでに仕事に加わっていたり、経営に興味を示していたりする場合は、いったんチャレンジさせることが当然です。ただし、

やらせてみて、そのまま任せる
やらせてみたけれど、あきらめる

この両者の見極めは、冷静に、あるいは冷酷にしなければならないということ。

私もそうですが、経営者の子どもというのは、少し特殊な人生を歩んでいる。親の悩む姿、情熱的な姿、喜怒哀楽を見て育つし、小さな頃から会社の環境になじんでいる。すると子どもは、一般に親の生き方や考え方に関心を持ちやすくなるのです。

そりゃ親子なんだから当たり前、と思うかもしれませんが、同族企業にはある種の「英才教育」が自然に行われているともいえるのです。

だから私は、本人がやる意志を示せば、必ず一度はやらせてみます。実際に、私の娘夫婦、そして亡くなった弟の子、そのほかの親族が入社し、この会社がどういう事

業を営み、どうやって競争力を生み出しているのか、そして私がどう経営しているのかを見て、体験してもらいました。

でも、結局、自ら辞退しました。トップダウンでものごとを考え、従業員を納得させながら意思決定していくのは、簡単なことじゃありませんから。

私は、それ自体を100パーセント否定的には考えない。彼らには彼らの長所があり、思いがあり、人生があるからです。合う、合わないは当然生じます。今だからいいますが、辛抱さえすれば経営能力はあったと思います。残念なことに本人が辛抱できないとあきらめました。

こうなると、彼らには財産だけを残し、経営からは離れてもらう必要が生じてきます。そのために、私は株式を売ることにしたわけです。

株式の売却には、M&Aのコンサルティングを専門としている会社に相談し、最終的に素晴らしい形にしてもらいました。うちの会社の強さをよく知る取引先に引き受けてもらい、私は金銭を手にし、とりあえず資本と経営を分離することができました。

あとは、私が元気なうちに、ますますこの会社の競争力を高め、さまざまな人材を引き受けながら教えていくだけです。

Episode 45

ネガティブな体験を自虐ネタに。笑い飛ばすことでポジティブに！

Successful episodes of company management

忙しければポジティブにもなる

最近、YouTubeを始めたせいか、「平社長はいつもポジティブですね」とか、「けっこうハードな話も多いのに、どうしていつもそんなに明るいんですか？」などと聞かれることが増えた気がします。

私としては、経営に日々忙しく、やらなければいけないことが山積みで、朝から晩まで動き続けているから、一度決めたことはどんどん進め、失敗したらほかの手を打つだけなので、なんというべきか、悩んでいるヒマはないし、悩んでいるくらいならどんどん前に進めたほうがいいと体感しているのかもしれません。

ちょっとノウハウっぽく言い換えれば、

走り続けていればネガティブにならない！

ということかもしれない。要するに、あなたがネガティブなのは、やらなければいけないことをわかっているくせに、いつまでたってもだらだら、グダグダして動かないからです。――と強がってはみたものの、じつは私も、昔はグダグダ考える側でした。それが、年齢を重ねるにつれ、気持ちが落ち込む時間がどんどん短くなってきた、という言い方が正確なのかもしれません。

「悲劇のヒロイン」を演じる!?

思い出したことがあります。天才鍛造工にして腹を立てるとすぐ手が出る父に、私はよく怒られていた。パイプ椅子で殴られた話も同じ。

これは、子どもの頃からも同じです。当時、今から考えればネガティブだった私が、その状況にどうやって耐えていたか。じつはちょっとしたノウハウがあるんです。

私は本が好きで、中でも偉人伝をよく読んでいた。人生で何かをなした偉人には、お約束のように若い頃ひどい苦労をした描写があるでしょう？　あの部分に、自分を投影するわけ。

「父に反抗したら、殴られて鼻血が出たのだった……」「激情した父は、パイプ椅子で私に殴りかかったのだった……」という具合に、自分のことだけど自分自身も登場人物であるように理解すると、自然とその先にある成功につながっているような気分になれるのです。

すると不思議なことに、どんなに悲惨な話でも、客観視できるように、あるいは「ネタ」にすることができるようになるのです。

みんな、自虐ネタは大好きでしょ?

今の私が、YouTubeですごい話を笑いながら楽しく話すのは、このときのクセからつながっています。

高校生の時、父が言った。地元の代議士の家で「お手伝いさんが辞めたからお前が手伝いさんに行け」と。こちらは冗談じゃない。「進学校に行っているんですけれど」と断ると、即座に鉄拳が飛んできて顔面にヒット、鼻血が噴出して止まらない。

それで怒りが収まるような父ではないから、母は鼻血止め用にと、宣伝の屋号が入った景品のペラペラの手ぬぐいを投げて、「逃げなさい!」って言う。私は鼻血を吹き出しながら走る。走るもんだからもちろん鼻血は止まらない。白かったはずの手ぬぐいは真っ赤になってしまった。まるで『あしたのジョー』みたいなんて思いながら。

ようやく血も止まり、少し時間がたったので家に戻ってみた。母は隠れていなさいと言うので、しばらく様子をうかがっていたら、父が戻ってきて「さっきのお手伝いの件、ほかの人が見つかったからもういいわ」なんて言っている。そして、何ごともなかったかのように、家族で晩ご飯を食べたりしているわけ。変な家庭でしょう？

私、この話を高校の友達にするわけです。面白おかしく。みんな爆笑するだけですよ。この話、今でもときどき使っています。

これって、今風に考えればＤＶそのもの。子どもを殴ってはいけません。でも、ひどい目に遭った人間が、それをネタ化して、他人を笑わせる方法に変えていくのって、とてもポジティブだな、と思うのです。

一流の芸人さんって、どんなに貧乏だったときの話も、悲惨な経験も、ネタに変えてさらにお金（仕事）にまでしているでしょう？　あれに近いものがあるんです。そして笑ってもらえることで、自分もポジティブになれます。苦しいことも笑い飛ばすんです。

Episode 46

働く女性へのアドバイス。誰でもできる家事は自分でやらずに

Successful episodes of company management

経営者＋母親として

私、母親をしながらずっと働いていたわけです。大学中退で東京から羽咋に戻ってくるやいなやお見合い結婚して子どもを産み、少しのブランクを除いては、仕事と母親業をずっと兼ねてやっていた。

一時は父に首にされ、仕事をしない期間もあって、冗談抜きの貧乏暮らし、ボロボロの借家に住んで、市役所から低所得者に配られる牛乳を飲んでいたこともある。もっとも、今はそういう時代でもない。働く母親のみなさんは、むしろ限られた時間の中で、どうやって家事のため、子育てのための時間を作っていくのかが問題になっていると思います。

私のノウハウ、アドバイスを一言でまとめると、

お金を使って、ラクに家事しよう！

です。私、まだ乾燥機が普及し始めたばかりの40年くらい前、「これだ！」と思っ

て飛びつきました。干さなくていいだなんて、なんて素敵なんだ！　と即決購入。以来今日まで、外に洗濯物を干したことがありません。

最近でいえば、ロボット掃除機も当然買った。それも3～5台まとめ買い。ロボットで掃除できる範囲を少しでも広くしたくて部屋のレイアウトも変えた。

都市部であれば、いろいろな家事代行サービスがあるはず。そういうのも、私ならどんどん活用する。そのおかげで浮いた時間をますます思考や経営判断に回せます。体もラクになる。1分1秒を増やすために、お金ですむことは、ちゅうちょせずどんどんお金を使っていい。私なら、子育てに忙しい時期、仕事を並行するのなら、稼いだお金をつぎ込んでもいいと思います。

しかし、お金ではできないことがある

家事の中で、嫌いな分野だけお金をかけるのもいいでしょう。料理だけは好きだから、とか、子どもには自分の作った食事を食べさせたい、と考えるのは当然。だったら、それを実現するために、料理の時間を作り出すために、そのほかの家事は全部誰

かにやってもらうくらいでいいんです。
一方、世の中にはお金を払っても絶対に代行してもらえないことがあります。

母親は、自分にしかできない

子どもと話す、子どもの様子を見てあげる、子どもと楽しい思い出をともにするということ。

……こういうことは、どこかの代行サービスにお金を払えばできることではない、ということです。

見方を変えるなら、仕事以外の時間を「子どもの母親であること」に集中するために、誰にでもできる家事は迷わず外注してしまえ、という理屈なのです。

ここがうまくいかないと、仕事でイライラすれば子どもに当たってしまうことになる。それは、親の記憶より何倍も、子どもの側に深く、色濃く残ってしまいます。

じつは、二人の娘の心中はいまだにわかりません。当たり前のことができなかった、しなかった母親を恨んでいるかもしれません。

Episode
47

自分以外は、すべて他人。誰にも期待しない。だって他人ですよ!

Successful episodes of company management

100億円あれば幸せか？

私が100億円、100億円と言うものだから、周囲からは「100億円、すごいですね」と言われることが多い。ただ、ここまでこの本を読んでくださった方なら、平のおばちゃんのように大変な苦労をして100億円得るくらいなら、平凡でもいいと思ったかもしれません。

私、いつもこう考えるんです。

逆転人生こそ楽しい！
たとえ負け惜しみでも、いつか逆転してやると考えて生きよう！

って。最初から100億円あったら、こうはなっていません。

我が家は、1968（昭和43）年に東京から夜逃げ同然に羽咋に来たし、羽咋に来てからもしばらくは大変だった。当時は父も母も自分たちのことを「不幸だ、不幸だ」とばかり言っていた。天才・平昭七の口ぐせは、「俺ほど不幸な者はいない」でした。

私自身も結婚後、父から家族で勘当され、しばらくお金に苦労しました。今100億円を得ても、人生トータルでは貧乏をしていた時間のほうがずっとずっと長い。

でも、その当時も「逆転してやる!」と思っていました。それは負け惜しみだったかもしれませんが、そう思ったほうが、やはり人生楽しい。

100億円ある今と、貧乏だったけれどあれこれ考えて頑張っていた当時と、どちらが幸せだったか。これは単純には比較できない。

小学1年生での悟り

私、今でも時々思い出す光景と記憶があります。

まだ東京にいた頃。家業の鍛造が好きだった小学1年生の私は、家の近所のパン屋さんに好きなチョココロネのパンを買いに行く途中、環状八号線を渡りながら、急に悟ったのです。

「自分は自分だけが自分であって、ほかの人は自分ではない」

ちょっと哲学的。まあ、当時読んでいたいろいろな本が頭の中でミックスされて、何かの拍子に自分の言葉としてポンッと飛び出してきたんでしょう。

この「真実」を突然悟って、私は大変なことになったと思った。

私であるのは私だけなので、私の考えなど誰も理解してくれないかもしれない。

自分はたった一人しかいない、ほかの人たちが意地悪してくるに違いない。だって、その人たちは自分じゃないんだから。

他人に期待しない人生。私以上に私のことを考えているわけはない

そんなひらめきを受けて、私は他人に「用心深くしよう」と思うようになったのです。自分ではない人に何を言っても、どれだけ理解しようと心がけても、私のことを理解してくれるとは限らないということだから。友達であろうと、きょうだいであろうと、両親であろうと。なんだか、天涯孤独のような気持ちになってしまった。

同時に、他人から何を言われようと、仕方ないんだと思う感覚が強くなった。なぜなら、その人は他人であって、私ではないんだから。私以上に私のことを考えている

わけがないんだから。
少しさびしい話に聞こえるかもしれませんが、私は基本的に小さい頃から、他人に期待しないようになった。ネガティブに聞こえるなら、こう思うといいでしょう。

人からよくしてもらえたなんて、大変な儲けもの！
命の不安もなく生きていける日本で生まれて、ラッキーこの上ない！

……幸せを感じるハードルを、思いっきり下げられるということでもあるんです。虐待も受けず、難民にもならず、ご飯が食べられて、殺されることもない。生きてきた中で、戦争もありません。なんて幸せなんだろう。それを考えれば、日々頑張ること、頑張る人生を許されていることが、ありがたいじゃないですか。

世のため、見えない人のために働く

小学生の頃、当時流行した『ノストラダムスの大予言』（1999年の「7の月」

に地球が滅亡するという説、70年代半ばに大流行）という本にハマってしまって。当時何を考えていたか……１９９９年になる頃、自分は40代になっているはず。その頃「私が人類を救うんだ！」と思っていた。なかなかの妄想少女でしょう。モーゼの十戒のように海がババーンと開いて、そこをみなさんを引き連れて私が歩いてくるイメージ。

ただ、当時から正義感が強いというか、たとえ誰かに助けられなくても、私は誰かを助けたいと思っていたんです。いじめっ子を見たらすぐケリを入れて攻撃していたし。

経営って、結局は大げさですが、

どうやれば、みんなを救えるか？
どうすれば、みんながいいと感じる世界に少しでも近づけるか？

を追究する、一つの手段なのかもしれないと思います。

本ばかり読んで妄想好きだった私の夢は、小説家になることでした。もっとも、少し大人になって文芸雑誌に載っている新進作家たちの作品を読むたび、自分にはとても無理だと悟ったけれど、今考えてみると、経営者として会社を切り盛りすることって、結局物語作りみたいな面があると思うのです。

小説なら、結論、クライマックスが決まっていて、そこまでどのようにドラマチックに読者を引き込むかを考える。経営も、結局は目指すべき姿、会社が、世間がこうあってほしいという「妄想」に向かって現実を合わせていく作業なんじゃないかということです。

そこに、正義感が合わさって、世のため、見えない人のため、うちの会社の製品が役に立っていると実感しながら毎日精一杯やっているからこそ、うちの会社に100億円の値段がついたのではないか、と思うんです。

あれこれ好き勝手に書いてきましたが、何か一つでもあなたの毎日を充実させるヒントになればうれしいです。私はこれからも、ここ羽咋の地で、父の生んだ技術を守り、発展させながら、働きたいと思います。

この本で、小説ではないけど、ものを書くことに少し挑戦してみました。

おわりに　愚者一得

私との裁判の結果、自ら創業し、成功させた会社に一歩も入ることが叶わなくなった父・平昭七は、自社株売却代金と退職金を合わせて60億円（和解金）で、連れて出た従業員25余名と共に難しい無農薬農業を始めることでその無念を懸命に晴らそうとしました。

今、私も自社株を90パーセント売却し、そのさびしさを誰よりも感じています。

一方、大手上場会社の製造メーカーの傘下に入ることができ、事業の継続性を担保できたことに安堵しています。

父は喧嘩上等でやってきた人なのに、「褒められたい」という気持ちもまた強い人でした。

父が羽咋の地に戻ったことでこの地に大きな産業が生まれ、当社の周りにさまざまな取引先の事業所も作られ、人と資金を呼び込み、地域の発展に間違いなく貢献したのです。

晩年はいろいろと問題があったものの、父は本当に頑張った天才職人であり、希有な経営者だったと思うのです。しかし、アピールが上手ではない人でもありました。

2017（平成29）年、父は永眠しました。私は、父の遺産で公益財団法人「平昭七記念財団」を設立しました。

その目的は大きく分けて二つ。

一つは、父が晩年手がけた農業への夢を受け継ぐこと。これは、平鍛造のビジネスとは明確に線を引き、独立した事業として続けていきたいと思っています。

もう一つは、父が苦手としていた地域へのアピールと貢献です。教育や医療、介護、さらにコロナ禍における対策も含め、地域のみなさまに「平昭七」の名前で活動をしていきたいという、私の意志です。

父から経営を引き継いだ私は、口さがない人たちから「父親を裁判で訴え、経営権を奪った娘」と言われていました。

しかし、この地を「リングの地」にし、私に鍛造・経営のすべてを教えてくれたのは、まさに平昭七その人なのです。私が今こうして頑張っている原点は、父そのものです。

こうして今まで頑張り続けることができている会社の元は、父の技術そのものです。その技術、その会社を廃業にしたままにするわけには、どうしてもいかなかったのです。

私が100億円で会社を売却した本当の理由。それは、父の偉業を、みなさまに語り続けてもらいたいからです。今なら、裁判をし、会社を残し、さらに株式を売却して上場会社の傘下での継続を選択した私を、父も理解してくれているかもしれません。

順調な会社が一転、廃業、約1年営業していなかったそれを引き継いだ私は、1円もお金を貸してくれない銀行、燃料を売ってくれない業者、父を裁判で訴えたと言う周囲など、手のひらを返した人たちの仕打ちによって、多くの経験や教訓を得ることができました。これは、今からほんの10年前のことです。

韓信の股くぐり。臥薪嘗胆。苦しいときには口を貝にして、結果しか己の行動の証明ができませんでした。今は愚者一得の思いです。

これからも、平鍛造はここ羽咋で、世界一の鍛造リングを作り続けます。どうかみなさまも、それぞれの仕事で、それぞれの地域で奮闘してください。私も老骨に鞭打って、あとひと踏ん張りするつもりです。最後までお読みいただき、誠にありがとうございました。

平鍛造株式会社代表取締役社長　平　美都江

［著者］
平 美都江（たいら・みとえ）
平鍛造株式会社　代表取締役社長

1956年東京都大田区生まれ。1977年日本女子大学理学科を、父・昭七の看病のため中退し、父が設立した平鍛造株式会社に入社。工場のオペレーターや営業職を経て、1986年、専務取締役就任。宅地建物取引士、CFP、一級ファイナンシャル・プランニング技能士などの資格を次々と取得。父の天才的な技術で製造される超大型鍛造リングにより、他の追随を許さない企業として急成長を遂げる。その後、リーマン・ショックによる景気悪化などにより受注量が激減。型破りな父による強引な客先交渉が裏目に出て、2009年に廃業する事態に。会社存続の危機に追い込まれる中、代表取締役社長に就任し、営業を再開。一度離れた顧客の信頼回復に努めつつ、数々の経営の合理化を進め、数年で業績を回復させる。2018年、大手上場会社へ株式を90％譲渡するが、その後も代表として日々、経営改善に取り組んでいる。

●YouTubeチャンネル
『平　100億円の結果を出した経営ノウハウ』

なぜ、おばちゃん社長は価値ゼロの会社を
100億円で売却できたのか
——父が廃業した会社を引き継ぎ、受注ゼロからの奇跡の大逆転

2021年4月6日　第1刷発行
2021年7月21日　第5刷発行

著　者——————平　美都江
発行所——————ダイヤモンド社
〒150-8409　東京都渋谷区神宮前6-12-17
https://www.diamond.co.jp/
電話/03-5778-7235（編集）　03-5778-7240（販売）

装丁＆本文デザイン——有限会社北路社
写　真——————奥川純一
執筆協力——————増澤健太郎
編集協力——————古村龍也（Cre-Sea）
制作進行——————ダイヤモンド・グラフィック社
印　刷——————八光印刷（本文）・新藤慶昌堂（カバー）
製　本——————加藤製本
編集担当——————花岡則夫

©2021 Mitoe Taira
ISBN 978-4-478-11187-1
落丁・乱丁本はお手数ですが小社営業局宛にお送りください。送料小社負担にてお取替えいたします。但し、古書店で購入されたものについてはお取替えできません。
無断転載・複製を禁ず
Printed in Japan